Mann | Tonio Kröger

Lektüreschlüssel XL

für Schülerinnen und Schüler

Thomas Mann

Tonio Kröger

Von Swantje Ehlers

Reclam

Dieser Lektüreschlüssel bezieht sich auf folgende Textausgabe:
Thomas Mann: *Tonio Kröger und Mario und der Zauberer. Ein tragisches Reiseerlebnis*. Frankfurt a. M.: Fischer Taschenbuch Verlag, 2016 [u. ö.].

Lektüreschlüssel XL | Nr. 15511
2019 Philipp Reclam jun. Verlag GmbH,
Siemensstraße 32, 71254 Ditzingen
Druck und Bindung: Kösel GmbH & Co. KG,
Am Buchweg 1, 87452 Altusried-Krugzell
Printed in Germany 2019
RECLAM ist eine eingetragene Marke
der Philipp Reclam jun. GmbH & Co. KG, Stuttgart
ISBN 978-3-15-015511-0

Auch als E-Book erhältlich

www.reclam.de

Inhalt

Inhalt

1. Schnelleinstieg

Autor	Paul Thomas Mann, geboren am 6. 6. 1875 in Lübeck, gestorben 12. 8. 1955 in Zürich
Erscheinungsjahr	1903
Gattung	moderne Novelle
Ort und Zeit der Handlung	Die Geschichte spielt Ende des 19. Jahrhunderts in einer norddeutschen Hansestadt, in München und in Dänemark.
Erzählaufbau	Die Novelle besteht aus neun Kapiteln, in denen die Jugendzeit Tonio Krögers in seiner nordischen Heimatstadt, seine Entwicklung zum Künstler im Süden, ein Kunstgespräch zwischen ihm und der Künstlerin Lisaweta und eine Reise nach Dänemark mit einem Besuch in der Vaterstadt dargestellt werden. Sie endet mit einem Brief, in dem der Held sein Verständnis von Kunst, seine Künstlerrolle und sein Verhältnis zum Leben neu bestimmt.
Adaptionen	• mehrere Lesungen • ein Hörspiel (2017) • eine Theaterbearbeitung (2000) • eine Verfilmung (1964)

Die Novelle *Tonio Kröger* gehört zum Frühwerk von Thomas Mann und erschien nach der Novellensammlung *Der kleine Herr Friedemann* (1898) und dem Roman *Die Buddenbrooks* (1901) im Jahr 1903 zuerst in der *Neuen Deutschen Rundschau* und im gleichen Jahr in der Novellensammlung *Tristan*.

Weg einer Selbstfindung

Es geht in der Novelle um den Weg der Selbstfindung des Titelhelden Tonio Kröger, einem sensiblen, künstlerisch veranlagten Patriziersohn aus einer norddeutschen Hansestadt, der von Selbstzweifeln gequält wird und nach seiner künstlerischen und sozialen Identität sucht. Von Beginn an fühlt er sich von seinen Schulkameraden und Lehrern ausgeschlossen. Seine Zuneigung gilt Hans Hansen und Ingeborg Holm, doch bleibt sie unerwidert. Mit Anfang 30 geht er in den Süden und entwickelt sich zu einem namhaften Schriftsteller, leidet aber unter seiner Außenseiterrolle und seiner Gespaltenheit zwischen Kunst und Leben, bürgerlicher und künstlerischer Existenz. Im Gespräch mit seiner Künstlerfreundin Lisaweta reflektiert er sein Kunstverständnis und das Spannungsverhältnis von Künstler und Bürger. Am Ende bekennt er sich zu seiner Liebe zum gewöhnlichen Leben. Auf einer Reise in den Norden macht er Station in seiner Vaterstadt, geht den alten Spuren der Kindheit und seinen Erinnerungen nach und spürt die Entfremdung von der Heimat. Auf einem Tanzabend im dänischen Badeort Aalsgaard erinnert ihn ein dänisches Paar an seine Jugendlieben Hans und Inge, was heftige Gefühle in ihm auslöst. Die Konsequenzen dieser Wiederkehr von Hans und Inge zeigen sich in einem abschließenden Brief an Lisaweta, in dem er sich zur Liebe zu den normalen Bürgern bekennt und die Kunst auf das Humane und Lebensnahe verpflichtet. Sich selbst bestimmt er in seiner Identität als jemand, der zwischen zwei Welten steht.

Strukturierung durch Gegensätze und Leitmotive

Formal ist die Novelle nach den Gegensätzen Künstler – Bürger, Kunst – Leben und Norden – Süden und durch Wiederholung von Leitmotiven strukturiert. Die Gegensatzpaare stehen in Beziehung zu einem philosophischen und kunsttheoretischen Hintergrund um 1900. Durch vielfache Bezüge auf andere literarische Texte u. a. von Theodor Storm, Friedrich Schiller, William Shakespeare und Hans Christian Andersen entsteht eine Intertextualität, die dazu dient, den Helden in seinem Wesen und seiner Konflikt- und Gefühlslage zu charakterisieren.

2. Inhaltsangabe

Der Held Tonio Kröger ist der Sohn des Konsuls Kröger und seiner schönen aus dem Süden stammenden Mutter. Von Natur aus ist er sensibel und künstlerisch veranlagt. Die Familie lebt in einer nördlichen Stadt an der Ostsee und gehört zu den ersten Familien der Stadt. Tonios Vater besitzt einen Getreidehandel, der sich seit Generationen im Besitz der Familie befindet. Viele Hinweise im Text deuten darauf hin, dass es sich bei der Stadt um Lübeck handelt, auch wenn der Name selbst nicht auftaucht, z. B. die Nähe zur Ostsee, die »Wallanlagen« (S. 16), »das untersetzte Tor« (S. 17), der »Hafen« (S. 17), der »gotische Brunnen« am Markt (S. 17).

Tonio und Hans Hansen

1. Kapitel: Die Geschichte setzt ein, als Tonio Kröger 14 Jahre alt ist und an einem Wintertag nach der Schule auf seinen Schulkameraden Hans Hansen wartet, um mit ihm zusammen nach Hause zu gehen. Er ist enttäuscht, dass Hans ihre Verabredung für diesen gemeinsamen Heimweg offensichtlich vergessen hat, wie dessen Rückfrage »Wieso?« auf Tonios Frage »Kommst du endlich, Hans?« (S. 7) zu erkennen gibt. Hans überspielt jedoch Tonios Enttäuschung freundschaftlich. Während Tonio von Schillers *Don Carlos* und dem einsamen König Philipp erzählt, interessiert sich Hans eher für Sport und Pferdebücher. Tonio fühlt sich zu Hans Hansen aufgrund seiner äußeren Attraktivität und Stärke hingezogen, doch beruht diese Anziehung nur begrenzt auf Gegenseitigkeit.

Hans schätzt Tonio, doch geniert er sich auch seinetwegen vor anderen Schulkameraden. Seine Distanz bringt er zum Ausdruck, indem er Tonio, als ein anderer Schulkamerad hinzukommt, beim Nachnamen nennt statt beim vertraulichen Vornamen, den er offen als »verrückt« (S. 14) ablehnt. Der Schulkamerad, Erwin Jimmerthal, unterbricht zum Bedauern von Tonio ihr Gespräch. Da Hans und Erwin ihre Gemeinsamkeiten durchs Unterhaken und ihr Gespräch über den Reitsport demonstrieren, fühlt Tonio sich ausgeschlossen. Ohnehin hat er sich, weil er Gedichte schreibt, bei Lehrern wie Mitschülern in eine Außenseiterrolle gebracht. Hans ist in seiner Lebensstärke und in seinen Interessen ein Gegentyp zu Tonio und dessen feinsinniger und träumerischer Art. Tonios Liebe zu Hans bleibt unerwidert.

2. Kapitel: Mit 16 Jahren verliebt sich Tonio auf einer der Tanzstunden, die regelmäßig stattfinden, in die blonde, blauäugige Ingeborg Holm, die ihn jedoch nicht beachtet. Der Ballettmeister François Knaak kommt extra aus Hamburg angereist, um die jungen Leute im Tanzen und im Anstand zu unterrichten. Während einer Quadrille, einem Gesellschaftstanz, kommt Tonio Ingeborg sehr nahe, ist verwirrt und gerät versehentlich in die Gruppe der Damen. Der Tanzlehrer verspottet ihn wegen dieses Fehlers, und er wird ausgelacht. Daraufhin zieht Tonio sich gekränkt und traurig in eine Fensternische zurück. Ein anderes Mädchen, Magdalena Vermehren, wirbt um Tonios Aufmerksamkeit. Jedoch lehnt er sie ab, weil

Tonio und Ingeborg Holm

Abb. 1: Während der Tanzstunde verliebt und blamiert sich Tonio: Szenenbild aus der Verfilmung *Tonio Kröger* von Rolf Thiele (1964). – © ddp images

sie sich schwächlich zeigt und beim Tanzen oft hinfällt. Auch dieses Kapitel endet mit der unerwiderten Liebe des Helden und der Erkenntnis von Fremdheit zwischen ihm und den anderen. Literarische Bezugstexte für seine Empfindungen sind *Immensee* und das Gedicht *Hyazinthen* von Theodor Storm.

Tonio verlässt die Heimatstadt

3. Kapitel: Kurz nach dem Tod der Großmutter stirbt auch Tonios Vater. Die Firma wird aufgelöst und das große Familienhaus verkauft. Seine Mutter heiratet einen südländischen Musiker und geht mit ihm fort. Tonio verlässt die Heimatstadt und alles was ihm lieb war (Garten, Walnussbaum, Springbrunnen, das Meer) und lebt nun im »Süden« (S. 26). Er führt ein ausschweifendes Leben, das er selbst infrage stellt und ablehnt. Zugleich entwickelt er sich durch strenge

Arbeitsdisziplin zu einem Schriftsteller, dessen Werke Anerkennung beim Publikum finden.

4. Kapitel: In München hat sich Tonio mit der russischen Malerin Lisaweta Iwanowna angefreundet. In ihrem Atelier findet ein Gespräch zwischen beiden statt, in dem es um Fragen des Verhältnisses von Kunst und Leben und Künstler und Bürger geht. Tonios Reflexionen spiegeln seine Zwiespältigkeit und das grundlegende Gefühl, nirgendwo dazuzugehören. Er grenzt sich von Künstlertypen, die ein lebensfernes Caféhaus-Leben führen, ab, aber auch von Bürgern, die sich künstlerisch betätigen, ohne dafür begabt zu sein. Er lehnt alle Erkenntnis und alles Begriffliche ab, weil es die Empfindungen abtötet, »erledigt« (S. 37), wie es im Text heißt. Tonio fühlt sich als Schriftsteller einsam und vom Leben ausgeschlossen und als Außenseiter. Er leidet unter diesem Zustand und sehnt sich nach dem normalen bürgerlichen Leben. Für Lisaweta ist er ein Bürger auf Irrwegen. Sie selbst vertritt eine andere Kunstauffassung, indem sie Kunst und Leben nicht in einen Gegensatz bringt, sondern an die heilende Kraft der Kunst glaubt. Auch äußerlich unterscheidet sich Lisaweta in ihrem bohèmehaften Lebensstil und ihrer lockeren Kleidung von Tonio und seinem großbürgerlichen Auftreten in einem gediegenen Anzug und mit guten Manieren.

Zwiespalt zwischen Kunst und Leben

5. Kapitel: Im Herbst plant Tonio eine Reise nach Dänemark und will dabei nach 13 Jahren in der südlichen Ferne seine Heimatstadt besuchen.

Reise nach Dänemark

Vaterstadt

6. Kapitel: An einem trüben Spätnachmittag trifft er in seiner Vaterstadt ein und geht drei Tage in der Stadt umher, besucht den Markt, das Rathaus, die Wallanlage, die Elternhäuser von Inge und Hans, erkennt vieles wieder, aber nimmt auch die Veränderungen wahr, die ihm die Stadt fremd machen. In dem Haus seiner Eltern befindet sich jetzt eine Volksbibliothek und der Garten ist verwildert. Erinnerungen an den Tod des Vaters, an die alten Räume, das Frühstückszimmer, den Esssaal, das Schlafzimmer und sein eigenes Kinderzimmer, begleiten seinen Gang durch die Bibliothek. Sein Aufenthalt in der Vaterstadt endet mit einem unschönen Erlebnis. Da Tonio keine Papiere bei sich hat, um sich auszuweisen, wird er verdächtigt, ein polizeilich gesuchter Krimineller zu sein, der auf dem Weg in den Norden sein soll. Ein Polizist verhört ihn. Tonio möchte seine Identität als Sohn des früheren Konsuls Kröger nicht preisgeben. Aber die Korrekturfahnen eines Manuskripts, das er bei sich trägt, reichen dem Polizisten schließlich als Ausweis seiner Identität.

Kopenhagen

7. Kapitel: Mit einem Schiff, auf dem er die Bekanntschaft eines Kaufmanns macht, geht die Reise weiter an der Insel Möen vorbei nach Kopenhagen. Während der Schiffsfahrt möchte Tonio dichten, aber es gelingt ihm nicht. In Kopenhagen bleibt er drei Tage, bis er mit Schiff und Zug über Helsingör weiter zu einem kleinen Badehotel in Aalsgaard fährt.

8. Kapitel: Dort macht er lange Wanderungen am Strand und im Wald und beobachtet das Meer, den

Wind und die Vögel. Er befindet sich in einem träumerischen Zwischenzustand. Nach langen trüben Tagen bricht eines Morgens die Sonne hervor und scheint ein besonderes Ereignis anzukündigen. Tonio geht früh hinaus und beobachtet bei seiner Rückkehr Reisebusse und eine Reisegesellschaft. Am Abend ist eine Tanzveranstaltung zu erwarten. Beim zweiten Frühstück geht plötzlich ein junges dänisches Paar an ihm vorbei, das eine starke Ähnlichkeit mit Hans und Inge hat. Beide sind schön gekleidet, blond und blauäugig wie damals Hans und Inge. Auf dem abendlichen Ballfest wiederholt sich die Tanzszene seiner Jugendzeit und erinnert ihn an seine Blamage, als er in die Gruppe der Damen geriet. Die Wiederkehr von Hans und Inge in dem dänischen Paar lösen starke Empfindungen in ihm aus. Im Dunkeln der Verandatür beobachtet er das festliche Treiben und die Doppelgänger von Hans und Ingeborg. Als bei einer Quadrille ein junges Mädchen stürzt, hilft Tonio ihm auf und rät ihm, nicht mehr zu tanzen.

■ Dänisches Paar

9. Kapitel: Am Ende schreibt er einen Brief an Lisaweta, indem er an ihr früheres Gespräch über Kunst und Künstlertum anknüpft. Er stimmt ihrer Charakterisierung, er sei ein Bürger, der sich in die Kunst verirrt habe, zu und bekennt sich zu seiner Liebe und Sehnsucht nach den Blonden und Blauäugigen, den glücklichen und gewöhnlichen Menschen, die für ihn unerreichbar sind. Er akzeptiert seine Existenz als jemand, der zwischen der bürgerlichen und der künstlerischen Welt steht.

■ Brief

3. Figuren

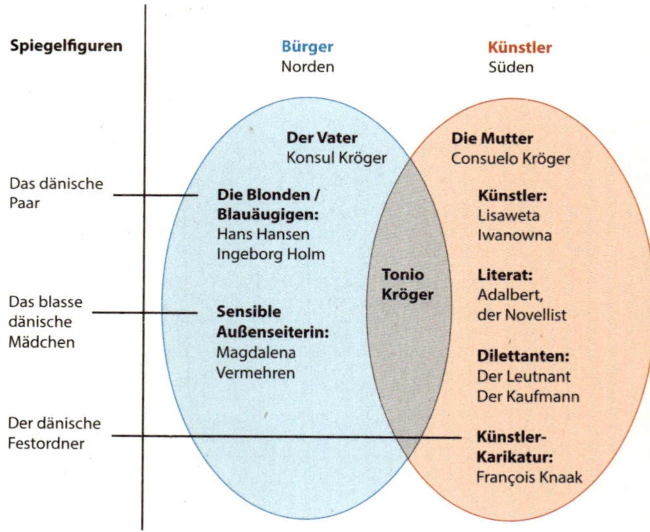

Abb. 2: Figurenkonstellation

Der Titelheld Tonio Kröger steht im Mittelpunkt der Novelle. Auf ihn sind alle Geschehnisse, Gespräche und andere Figuren bezogen. Inhaltlich-thematisch und formal ist die Novelle von den Gegensätzen Kunst – Leben und Künstler – Bürger bestimmt (siehe Kapitel 4 »Form und literarische Technik«). Mit ›Bürger‹ ist die Zugehörigkeit zum Bürgertum im 19. Jahrhundert, das sich aufteilt in eine Wirtschafts- und Bildungselite, gemeint. Das Bürgertum bildet innerhalb der Novelle den sozialen Rahmen, erkennbar am sozialen Status, Selbstverständnis und äußerem Auftreten der Figuren, aber auch an ihren verinnerlichten Werten und Normen. Diese bürgerliche Welt ist nach innen wiederum in verschiedene Vertreter differenziert: Den tatkräftigen und im Leben stehenden Figuren stehen die empfindsamen, künstlerisch veranlagten Figuren gegenüber, die eine Außenseiterrolle einnehmen.

Bürgerliche Figuren

Der soziale Raum

Gleich in den ersten beiden Kapiteln werden die eingeführten Figuren in einen sozialen Raum eingeordnet und die Hauptfigur in einen Gegensatz zu seinen Schulkameraden gebracht: Zunächst stellt der Erzähler Tonio Kröger und Hans Hansen in einen gemeinsamen sozialen Raum einer norddeutschen Hansestadt. Beide kommen aus großbürgerlichen, wohlhabenden und einflussreichen Familien. Der Vater von Hans besitzt ein Sägewerk, Tonios Vater ist Konsul und Inhaber eines Getreidehandels. Etwas später werden auch Erwin Jimmerthal als Sohn eines Bankdirektors, Ingeborg Holm als Arzttochter und Magdalena Vermehren als Tochter eines Rechtsanwaltes sozial gekennzeichnet. Ihre Schichtzugehörigkeit zum gehobenen Bürgertum, der hohe soziale Status ihrer Eltern und ihre Exklusivität, zu den ersten Kreisen der Stadt zu gehören, verbinden die Schulkameraden und zeigen sich auch am Besuch des angesehenen

Gymnasiums, an ihrer Kleidung (Marine-Anzug, Gurt-Paletot) sowie ihrer Freizeitgestaltung (Reiten, Lektüre, Musizieren, Tanzstunden).

Tonio Kröger. Tonio wird als ein südländischer brünetter Typ mit weichem Kinn, der aus »umschattete[n] Augen mit zu schweren Lidern« (S. 8) träumerisch in die Welt schaut, beschrieben. Die »umschattete[n] Augen« signalisieren Züge von mangelnder Lebenskraft bei dem Helden. Er ist empfindsam, interessiert sich für Literatur, dichtet selbst und liebt das Meer. In seiner Fähigkeit zur Reflexion und seiner Vorliebe für die Poesie steht er für einen künstlerisch-sensiblen Typ mit eher femininen als maskulinen Eigenschaften und stellt eine Außenseiterfigur dar. Für das bürgerliche Erwerbsleben ist er offensichtlich untauglich.

Er fühlt sich als Jugendlicher von Schulkameraden und den Lehrern ausgegrenzt und leidet darunter. Mehr noch aber leidet er an der unerwiderten Liebe zu Hans und Ingeborg. Seine poetischen Neigungen und sein mangelnder Schulerfolg stehen einer sozialen Zugehörigkeit im Wege. Zugleich ist er durch den großbürgerlichen Lebensstil des Elternhauses geprägt und behält auch später in seinem Leben seinen bürgerlichen Habitus bei, wie sich an seiner Kleidung (grauer, gediegener Anzug), seinen Höflichkeitskonventionen, über die Lisaweta leicht spottet – »[…] kommen Sie ohne Ceremonien herein!« und »Es ist bekannt, daß Sie eine gute Kinderstube genossen haben und wissen, was sich schickt.« (S. 28) –, sowie seinem Reisestil »mit Komfort« (S. 43) und der Wahl des ersten Hotels in der Vaterstadt zeigt. Er entwickelt sich zwar zu einem anerkannten Schriftsteller, bleibt aber in seiner bürgerlichen und künstlerischen Identität gespalten.

Name

Sein Name deutet bereits auf eine nordisch-bürgerliche und südlich-künstlerische Seite im Helden hin: Der Vorname Tonio ist eine Abkürzung von Antonio, so heißt der Bruder der Mutter, und verweist auf das Südländisch-Künstlerische. Zugleich wird auf die Figur des Tonio in Ruggero Leoncavallos Oper *Der Bajazzo*[1] – ein umherziehender und unglücklich verliebter Komödiant – angespielt. Der Nachname Kröger kommt bereits in dem Roman *Die Buddenbrooks* vor und ist in *Tonio Kröger* der Familie des Vaters und seinem nordischen Typus zugeordnet.

Eltern

Gegensätzlich sind auch die Wesenszüge von Tonios Eltern. Während der Vater mit seinen blauen Augen, seiner Korrektheit und der sorgfältigen Kleidung für den nordischen, aufrechten und verantwortungsbewussten Typus des gehobenen Bürgertums steht und Anstoß nimmt an den schlechten Schulleistungen seines Sohnes, wird die Mutter mit ihren schwarzen Haaren als südländisch-exotisch beschrieben. Ihr spanischer Vorname »Consuelo« (S. 10), der wörtlich ›Trost‹ bedeutet, unterstreicht ihre südländische Herkunft. Sie musiziert, spielt Klavier und Mandoline

1 Hans R. Vaget, *Thomas Mann. Kommentar zu sämtlichen Erzählungen*, München 1984, S. 105.

und trägt wie ihr Sohn das Merkmal der Andersheit (S. 10 f.).

Tonio hat eine Distanz zu seiner Mutter, obwohl sie sich in ihrem Wesen ähneln, und hält sie für etwas »liederlich« (S. 11). Dagegen erkennt er seinen Vater, dessen Autorität und Wertmaßstäbe an und hält dessen Maßregelung seines mangelnden Schulerfolgs für völlig in Ordnung.

Konsul Kröger. Die Figur des Konsuls Kröger ist vielschichtig angelegt, wie seine äußere Beschreibung zu erkennen gibt: »[…] ein langer, sorgfältig gekleideter Herr mit sinnenden blauen Augen, der immer eine Feldblume im Knopfloch trug« (S. 10). Die sorgfältige Kleidung des Konsuls Kröger ist Ausdruck seines bürgerlichen Selbstverständnisses und Lebensstils. Dagegen deuten die sinnenden blauen Augen, die Feldblume im Knopfloch und Eigenschaften wie wehmütig (S. 49, 72) und nachdenklich (S. 49), die ihm im Laufe des Textes zugesprochen werden, auf eine sensible, künstlerische Seite in ihm. Die Feldblumen sind eine Anspielung auf Theodor Storm, in dessen Werk sie Dichtung symbolisieren, und auf ein Altersbild von Storm, auf dem er eine Feldblume trägt.[2]

2 Karl Ernst Laage, »Theodor Storm und Iwan Turgenjew in Thomas Manns Novelle *Tonio Kröger*«, in: *Theodor Storm. Studien zu seinem Leben und Werk mit einem Handschriftenkatalog*, hrsg. von Karl Ernst Laage, 2., erw. und verb. Aufl., Berlin 1988, S. 117.

Hans Hansen. Hans wird im Unterschied zu Tonio mit sportlich-maskulinen Eigenschaften ausgestattet. Er ist eine attraktive Erscheinung mit schmalen Hüften, stahlblauen Augen und festem Gang. Er reitet, spielt Tennis, segelt, schwimmt und ist blond und blauäugig und entsprechend der Mode der Zeit in einen Matrosenanzug gekleidet. Statt für schöne Literatur interessiert er sich für Sport, Pferdebücher und ist von den einzelnen Phasen eines galoppierenden Pferdes in den Augenblicksphotographien, die erstmalig der amerikanische Photograph Eadweard Muybridge[3] im 19. Jahrhundert festhielt, gefesselt. Hans Hansen steht für männliche Stärke und Lebenskraft und eine ungebrochene Bürgerlichkeit. Anders als Tonio ist er sozial integriert und genießt die Achtung seiner Mitschüler und Lehrer.

Ingeborg Holm. Ingeborg erhält als Figur keine eigene Stimme, sondern wird in ihrem Aussehen und Verhalten vorrangig aus der Sicht Tonios beschrieben: blonder Zopf, lachende blaue Augen, das übermütige Werfen des Kopfes, die Hand, die an den Hinterkopf geht und dabei den Ärmel ihres Kleides zurückfallen lässt (S. 17). Das Zusammentreffen zwischen Tonio und Inge erfolgt im Tanz; es findet keine direkte Kommunikation statt. Während Tonio sie liebt, beachtet sie ihn nicht und lacht bei seinem Tanzfehler

3 Werner Bellmann, *Erläuterungen und Dokumente. Thomas Mann: Tonio Kröger*, Stuttgart 1983, S. 14.

über ihn. Sie vertritt den nordischen Typus und eine unbekümmerte Lebensfreude.

Magdalena Vermehren. Eine Gegenfigur zu Ingeborg ist Magdalena Vermehren. Sie fühlt sich von Tonio angezogen gerade auch aufgrund der Merkmale, für die andere ihn ausschließen: seine Sensibilität und poetische Tätigkeit. Da sie während des Tanzens hinfällt, wirkt sie ungeschickt und schwach. Sie ist innerhalb der bürgerlichen Welt eine Außenseiterin, markiert durch äußere Merkmale, die innerhalb der Novelle als ›südländisch-sensibel‹ konnotiert sind: braune Haare und dunkle Augen. Wegen ihrer Ähnlichkeit und Wesensverwandtschaft zu ihm und ihrer Ungeschicklichkeit lehnt Tonio sie ab.

Künstlerische Figuren

Lisaweta Iwanowna. Die russische Malerin Lisaweta ist die einzige Freundin Tonios und stellt als Künstlerin und in ihrem Selbstverständnis eine Kontrastfigur zu Tonio dar. Sie ist äußerlich von ihrem lockeren, bohèmehaften Lebensstil und ihrer Kleidung (fleckiges Arbeitsgewand, S. 28) her das genaue Gegenbild zu Tonio und seinem gutbürgerlichen Auftreten. Sie ist der russischen Literatur eng verbunden und stellt innerhalb der Novelle eine Schlüsselfunktion für den Selbstfindungsprozess des Helden dar. Sie selbst lebt in Übereinstimmung mit sich und ihrer künstlerischen Existenz. Ihr Name taucht in der russischen Literatur auf wie z. B. in *Eine alltägliche Geschichte* (1847) von Iwan Gontscharow und in Iwan Turgenjews Roman *Das Adelsnest* (1859), in dem die Hauptfigur Jelisaweta M. Kalitina heißt. Der Nachname deutet auf Iwan Turgenjew selbst hin.[4]

Der Tanzlehrer. Eine fragwürdige Figur ist der Tanzlehrer François Knaak, der affektiert, wohlgefällig und selbstbezogen auftritt und sich einen künstlerischen Anstrich gibt. Ironisch demaskiert der Erzähler ihn als eine lächerliche Figur mit seinen Posen, tänzelnden Schritten, Drehbewegungen und seinem falschen Französisch. Für Tonio ist er ein »unbegreiflicher Affe« (S. 20). Sein Name kombiniert das Französische mit dem Nordischen.

Spiegelfiguren

Zu den Spiegelfiguren von Hans, Inge, Knaak und Magdalena gehören das dänische Paar, der dänische Festordner und das hinfallende dänische Mädchen, denen der Held in Aalsgaard begegnet. Während das dänische Paar mit denselben äußeren Eigenschaften wie einst Hans und Inge beschrieben wird, ist das dänische Mädchen zwar dunkeläugig wie Magdalena Vermehren, hat aber mit ihren spitzen und dürftigen Schultern (S. 68) an Attraktivität verloren.

4 Laage (s. Anm. 2), S. 117.

Vertreter verschiedener Daseinsformen

Hans Hansen, Erwin Jimmerthal und Ingeborg Holm verkörpern das ungebrochene bürgerliche Leben. Konsul Kröger ist zwar Repräsentant des patrizischen städtischen Bürgertums, vereint aber in sich eine bürgerliche und eine künstlerische Seite. Diesen Figuren stehen die Außenseiter der bürgerlichen Welt (Tonio, Magdalena sowie Tonios Mutter mit ihren musischen Neigungen und ihrer unkonventionellen Art) und Angehörige der künstlerischen Welt gegenüber. Die Figuren werden über ihre soziale Charakterisierung hinaus als Vertreter verschiedener Daseinsformen, Lebenshaltungen und Kunstanschauungen dargestellt.

4. Form und literarische Technik

Inhaltliche Gliederung

Die Novelle umfasst 9 Kapitel unterschiedlicher Länge mit einem Höhepunkt im 4. Kapitel und einer Wende, die in Kapitel 5 eingeleitet wird. Bis zu diesem Zeitpunkt werden die Jugendzeit des Titelhelden und seine Entwicklung zum Schriftsteller dargestellt, ab dem 6. Kapitel wird seine Reise in den Norden geschildert. Die schmale Handlung bildet einen erzählerischen Leitfaden, doch vollzieht sich das eigentliche Geschehen in inneren Vorgängen, Reflexionen und Gesprächen. Die einzelnen Kapitel sind untereinander durch gleiche Motive und wiederkehrende Situationen und Figuren verbunden.

Die Novelle gliedert sich inhaltlich in folgende Einheiten:

Kapitel 1 und 2	Jugend- und Schulzeit in der nordischen Heimatstadt; Jugendlieben des Helden
Kapitel 3	Leben im Süden, Entwicklung zum Künstler
Kapitel 4	Höhepunkt: ein Gespräch mit Lisaweta in ihrem Atelier in München über Kunst und Künstlertum
Kapitel 5	Wende: Tonios Plan, über seine Vaterstadt nach Dänemark zu reisen
Kapitel 6	Spaziergang in seiner Vaterstadt, Rückerinnerungen, Beobachtung der Veränderungen in der Stadt, Verhör durch einen Polizisten

Kapitel 7	Schiffsreise nach Dänemark, Begegnung mit einem Kaufmann, Scheitern der eigenen Schreibversuche
Kapitel 8	Am Urlaubsort die Begegnung mit zwei Feriengästen, die ihn an seine Jugendlieben Hans Hansen und Ingeborg Holm erinnern
Kapitel 9	Brief an Lisaweta: Darlegung seiner neuen Kunstauffassung und Identitätsbestimmung zwischen bürgerlicher und künstlerischer Welt

Erzählte Zeit

Zeitlich erstrecken sich die Geschehnisse von Tonios 14. Lebensjahr bis zu seinem Alter Anfang 30. Zwischen dem ersten und zweiten Kapitel liegen zwei Jahre, dann erfolgt ein Zeitsprung von mehreren Jahren zwischen Fortgang aus der Vaterstadt und Anerkennung als Schriftsteller, die im 3. Kapitel zusammengefasst werden. Nach 13 Jahren kehrt Tonio in die Vaterstadt zurück. Das Geschehen vom 4. bis zum 9. Kapitel erstreckt sich über ein halbes Jahr von Frühling bis Herbst (September) des Jahres 1899 und bildet eine Zeiteinheit. Da die Novelle einen deutlichen autobiographischen Bezug hat und 1899 Thomas Mann über Lübeck nach Dänemark reiste und der Gang Tonios in der Vaterstadt genau dem Ablauf von Thomas Manns Aufenthalt in Lübeck entspricht, liegt es nahe, auch für die innerfiktive Reise des Helden diese Jahreszahl anzunehmen. Der Wechsel der Jahreszeiten vom Winter in den ersten beiden Kapiteln, über das Frühjahr in München und bis zum Herbst auf der

Fahrt in den Norden ist auf die innere Situation des Helden bezogen.

Formale Gliederung

Die Novelle ist nach Gegensätzen strukturiert. Räume und Figuren stehen jeweils für getrennte Bereiche und Daseins- und Lebensformen. Einander polar zugeordnet sind: Künstler und Bürger, Kunst und Leben, Außenseiter und Normale, überfeinerter Dichter und pragmatisch Handelnde, körperliche Schwäche und körperliche Stärke, Intellekt und Naivität, Männlichkeit und Weiblichkeit. Die Spannungen zwischen diesen Gegensätzen bestimmen die Thematik, den Verlauf der Geschehnisse und die innere Konfliktlage des Helden. Sie werden am Ende nicht aufgelöst, aber in ein Verhältnis zueinander gebracht, mit dem der Held leben kann.

Strukturbildend für die Novelle ist des Weiteren die Gliederung des Raumes in Norden und Süden. Mit dieser geographischen Gegenüberstellung sind kulturelle Stereotype, Schematisierungen und Wertzuschreibungen verbunden. Mit dem Norden sind das Bürgertum, die Erkenntnis und das Männliche assoziiert, mit dem Süden das Künstlertum, das Sinnliche und das Weibliche. In dieses räumliche Schema fügt sich auch die Stadt im Norden nahe der Ostsee mit der Patrizierfamilie der Krögers und München im Süden mit der künstlerischen Bohème und der Zugehörigkeit der Mutter zur südlichen Sphäre ein. Die Figuren,

■ Norden/ Süden

die nach dem Schema blond/blauäugig vs. braunhaarig/dunkeläugig und bürgerlich vs. künstlerisch eingeteilt sind, sind jeweils dem Norden und dem Süden zugeordnet.

Mit den gegensätzlichen Bereichen verknüpft die Hauptfigur wiederum bestimmte Werte und Normen: Pflicht, Verantwortungsgefühl und geordnete Welt des Vaters sind mit der nördlichen Sphäre verbunden, Nachlässigkeit und unnormiertes, unbürgerliches Verhalten der Mutter dagegen mit der südlichen Sphäre. Auch die Gefühlswelt von Tonio ist zweigeteilt: Das Gefühl von Heimat und emotionaler Verbundenheit zu Menschen und zur Literatur ist im Norden verankert, während er sich von der »süße[n] Sinnlichkeit« und den »lebhaften Menschen« (S. 41) im Süden abwendet und sie ablehnt.

Die genannten Gegensätze, die Inhalt, Aufbau und Figurenanordnung der Novelle bestimmen, verweisen auf einen philosophischen und kunsttheoretischen Kontext um 1900. Die Bedeutung der einzelnen Begriffe wie ›Kunst‹ und ›Leben‹ erschließt sich erst, wenn dieser Hintergrund miteinbezogen wird (siehe Kapitel 6 »Interpretationsansätze«). Die folgende Tabelle gibt eine Übersicht über die Gegensätze.

Struktur der Gegensätze		
Figuren	die Blonden/ Blauäugigen	die ›Dunklen‹ mit umschatteten Augen
	Die Normalen, Starken	die Empfindsamen, Schwachen
	Vater	Mutter
Körperlichkeit	körperliche Kraft, sportlich	körperliche Schwäche
	Vitalität	Lebensschwäche
	Männlichkeit	Weiblichkeit, Mischformen
Intellektualität	Naivität, Geistlosigkeit	Erkenntnis, Intellektualität
Gefühle	Heimat, Nähe	Fremde, Ferne
	Zugehörigkeit	Fremdheit, Ausgeschlossenheit
	Liebe, Sehnsucht	Kälte, Distanz
Literatur	Pferdebücher	Storm, Schiller, Shakespeare
Existenzformen	Bürger	Künstler
	Die Normalen/ Gewöhnlichen	Außenseiter
Lebensformen	bürgerlich-geordnetes Leben	exzentrisches Abenteuerleben
Räume	Norden	Süden
	Heimatstadt	Stadt im Süden
	Das Meer	
Werte	Korrektheit, Pflichtgefühl	Nachlässigkeit, Liederlichkeit
	Puritanismus	Sinnlichkeit
	Arbeitsethos	verbummeltes Bohème-Leben

Leitmotivtechnik

Die Wiederaufnahme und Variation von Leitmotiven verknüpfen einzelne Kapitel untereinander. Das 5. Kapitel mit dem Reiseplan steht für sich, während die vier Kapitel davor und danach durch gleiche Motive miteinander verbunden sind. Ein Leitmotiv ist eine textuelle Einheit. Es kann sich dabei um Wörter, Sätze, Situationen, Farben und einzelne Gegenstände oder Räume, wie z. B. das Meer, handeln, denen eine symbolische Bedeutung zukommt. Durch die Wiederholung von Leitmotiven werden räumlich und zeitlich entfernt voneinander liegende Situationen und Geschehnisse zueinander in Beziehung gesetzt und neue Sinnzusammenhänge gestiftet. Thomas Mann hat diese Technik der Leitmotive aus der Musik Richard Wagners übernommen und in das Medium der Sprache und Literatur übersetzt.

Immer wieder werden im Laufe des Textes Motive der Kindheit und Heimat mit dem Walnussbaum, dem Springbrunnen (S. 10, 25, 27, 54) und dem Meer (S. 12, 54, 73) aufgenommen; aber auch der Frühling (S. 26, 28, 29), der für das Leben und Naturnähe steht, das Motiv der Blonden und Blauäugigen in den Kapiteln 1, 2 und 7, 8, die Feldblume im Knopfloch des Konsuls Kröger, die viermal im Text erwähnt wird (S. 10, 25, 26, 49), die Zigeuner im grünen Wagen (S. 11, 15, 26, 52) und das Leitmotiv von Gefühlswärme (»[d]amals lebte sein Herz«, S. 17, 23; »[s]ein Herz lebte« S. 57, 71) und Gefühlskälte (»sein Herz

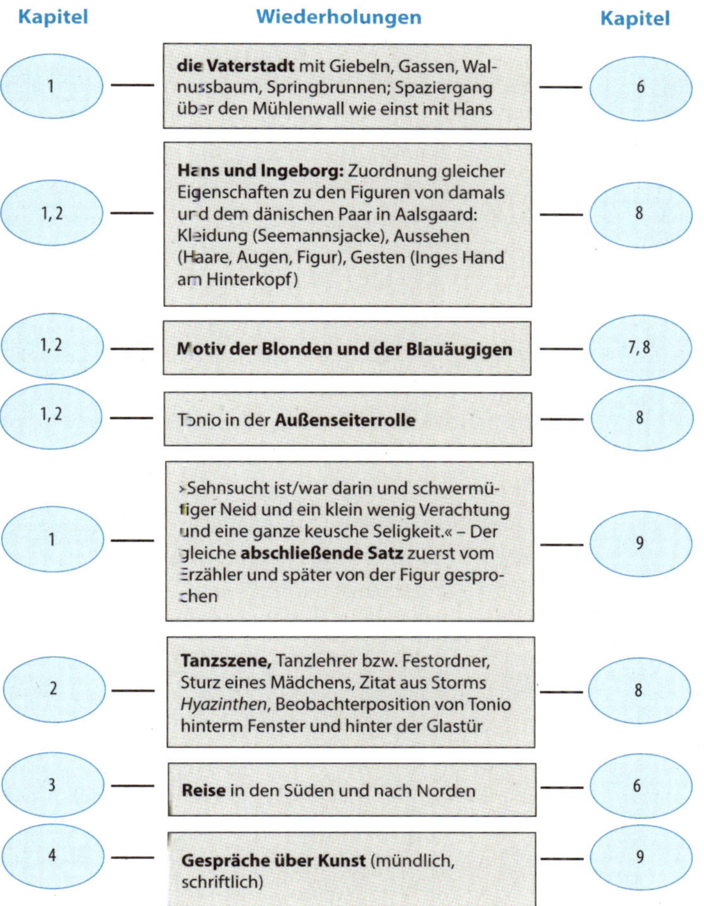

Kapitel	Wiederholungen	Kapitel
1	**die Vaterstadt** mit Giebeln, Gassen, Walnussbaum, Springbrunnen; Spaziergang über den Mühlenwall wie einst mit Hans	6
1, 2	**Hans und Ingeborg:** Zuordnung gleicher Eigenschaften zu den Figuren von damals und dem dänischen Paar in Aalsgaard: Kleidung (Seemannsjacke), Aussehen (Haare, Augen, Figur), Gesten (Inges Hand am Hinterkopf)	8
1, 2	**Motiv der Blonden und der Blauäugigen**	7, 8
1, 2	Tonio in der **Außenseiterrolle**	8
1	»Sehnsucht ist/war darin und schwermütiger Neid und ein klein wenig Verachtung und eine ganze keusche Seligkeit.« – Der gleiche **abschließende Satz** zuerst vom Erzähler und später von der Figur gesprochen	9
2	**Tanzszene,** Tanzlehrer bzw. Festordner, Sturz eines Mädchens, Zitat aus Storms *Hyazinthen*, Beobachterposition von Tonio hinterm Fenster und hinter der Glastür	8
3	**Reise** in den Süden und nach Norden	6
4	**Gespräche über Kunst** (mündlich, schriftlich)	9

Abb. 3: Wiederkehrende Szenen, Figuren, Themen und Motive in *Tonio Kröger*

[war] tot«, S. 26) tauchen wiederholt in der Novelle auf.

Funktion der Leitmotive

Leitmotive strukturieren nicht nur die Novelle, sondern geben dem im Vordergrund stehenden Geschehen eine tiefere Bedeutung. Sie stellen übergreifende Zusammenhänge her, die auf den Helden, seine Wahrnehmung der Realität, seinen Zwiespalt und das leitende Thema der Novelle bezogen sind. Die Wiederholung von Szenerien, Figuren, Motiven und stereotypen Eigenschaften bewirkt eine zirkuläre Struktur der Geschichte, da sie den Helden an seinen Ausgangspunkt zurückführt, und erzeugt den Eindruck von Stillstand, als ob sich nichts verändert habe. Doch am Ende ist nichts mehr, wie es war: Die Heimatstadt hat sich verändert, aber auch der Held. Er gelangt, nachdem er sein Leben lang zwischen den Gegensätzen hin- und hergerissen war, zu einer neuen Selbsterkenntnis und Bestimmung seiner sozialen und künstlerischen Identität.

Wie Abbildung 3 (S. 31) zeigt, bestehen zudem zwischen zahlreichen Kapiteln Wiederholungen.

Intertextuelle Verweise

Der Text enthält eine Vielzahl von literarischen Anspielungen und expliziten und impliziten Zitaten aus der russischen, skandinavischen und deutschen Literatur, aber auch aus Werken, Briefen und Notizen von Thomas Mann. Sie ergeben ein dichtes Netz an intertextuellen Verweisen. Mehrfach wird auf Heinrich Heine angespielt, der wie der Held nach 13 Jahren in der Fremde (Paris) in die Heimat zurückkehrte. Tonio Kröger verwendet für seine Einsichten und Empfindungen häufig literarische Zitate, wie beispielsweise die Sentenz »Wer am meisten liebt, ist der Unterlegene« (S. 9), das der Erzählung *Frau Fönß* (dt. 1890) von Jens Peter Jacobsen[5] entlehnt ist. Es deutet aber auch auf die Figur des Andreas in Heinrich Manns *Im Schlaraffenland* (1900) hin. Die Aussage des jugendlichen Helden »Denn das Glück, sagte er sich, ist nicht, geliebt zu werden […]. Das Glück ist, zu lieben […]« (S. 23) ist eine Abwandlung aus Goethes Gedicht *Willkommen und Abschied* (1775), in dem es heißt: »Und doch, welch Glück! Geliebt zu werden, / Und lieben, Götter, welch ein Glück.«[6] In bedeutsamen Szenen im 2. und 8. Kapitel zitiert Tonio die Verszeile aus Storms Gedicht *Hyazinthen*: »Ich möchte schlafen, aber du mußt tanzen« (S. 21, 70).

Da nicht allen intertextuellen Spuren im Text nachgegangen werden kann, konzentriert sich die Interpretation im 6. Kapitel auf die Intertexte und Zitate, die das Geschehen und die Hauptfigur in besonderer Weise charakterisieren.

5 Leonie Marx, »Thomas Mann und die skandinavischen Literaturen«, in: *Thomas-Mann-Handbuch*, hrsg. von Helmut Koopmann, Frankfurt a. M. ³2005, S. 186.
6 Rolf Selbmann, »Wenn der Erzähler seinen Helden demontiert. Eine Neulektüre von Thomas Manns Erzählung *Tonio Kröger*«, in: *Wirkendes Wort* 57 (2007) H. 2, S. 271.

Erzählperspektive

Die Novelle setzt ein mit der Beschreibung der Stadt und dem Ende der Schule durch einen Erzähler, der nicht zur Figurenwelt gehört, Vorgänge, Situationen und Figuren von außen darstellt und Einblick in das Innere der Hauptfigur hat. Er entspricht dem auktorialen Erzähler:

> »Die Wintersonne stand nur als armer Schein, milchig und matt hinter Wolkenschichten über der engen Stadt.« (S. 7)

Nach einem kurzen Dialog zwischen Tonio und seinem Freund Hans verschiebt sich der Blickpunkt zur Perspektive der Hauptfigur, erkennbar an der erlebten Rede im Imperfekt, der dritten Person Singular und dem Sprachstil der Figur:

> »Tonio verstummte, und seine Augen trübten sich. Hatte Hans es vergessen, fiel es ihm erst jetzt wieder ein, daß sie heute Mittag ein wenig zusammen spazieren gehen wollten?« (S. 7)

Neben der erlebten Rede werden die Empfindungen, Gedanken, Beobachtungen und Erinnerungen des Helden durch den Erzähler wiedergegeben, erkennbar an den formelhaften Wendungen »dachte er« oder »fragte er« (S. 12, 26, 67). Oftmals gehen die Gedanken der Figur über in ein inneres Selbstgespräch, wie beispielsweise im 1. Kapitel, als Erwin Jimmerthal das Gespräch zwischen Hans und Tonio unterbricht:

> »Tonio verstummte. Möchte ihn doch, dachte er, die Erde verschlingen, diesen Jimmerthal! Warum muß er kommen und uns stören! Wenn er nur nicht mit uns geht und den ganzen Weg von der Reitstunde spricht ...« (S. 14)

Auf das Selbstgespräch folgt die Erläuterung des Erzählers über diesen Schulkameraden:

> »Denn Erwin Jimmerthal hatte ebenfalls Reitstunde. Er war der Sohn des Bankdirektors und wohnte hier draußen vorm Tore.« (S. 14)

Häufig wird in die erlebte Rede oder das innere Selbstgespräch eine direkte Du-Anrede Tonios an Hans oder Inge eingeschoben. Sie bringt die intensiven Gefühle, die Tonio in einer bestimmten Situation bewegen, zum Ausdruck:

> »Stets bist du auf eine wohlanständige und allgemein respektierte Weise beschäftigt. [...] Aber darum sind deine Augen so klar. Zu sein wie du ...« (S. 12)

Funktion der Innensicht

Indem der Erzähler die Figurenperspektive einnimmt, werden die erzählte Welt und die Heldenfigur weitgehend aus der Innensicht der Hauptfigur aufgebaut. Der Leser wird so in das Innere der Figur hineingezogen und kann an deren Gefühlsleben teilhaben. Selbstgespräche geben Einblick, wie der Held emotional auf Situationen und andere Figuren reagiert und welch intensive Auseinandersetzung er mit anderen und mit sich selbst führt (S. 12, 25, 67).

Gattungsfrage

Die Frage, ob es sich bei *Tonio Kröger* um eine Novelle handelt, ist in der Forschung kontrovers diskutiert worden, obwohl der Untertitel des Bandes *Tristan. Sechs Novellen* eine eindeutige Zuordnung nahelegt. Thomas Mann selbst hat die Gattungsfrage locker behandelt und sprach von Novelle oder lyrischer Novelle, später wiederum von Erzählung. Innerhalb der Forschung gibt es zwei gegensätzliche Positionen zur Gattungsfrage. In der einen Richtung werden einschlägige Begriffe aus der Novellentheorie des 18. und 19. Jahrhunderts der Gattungsbestimmung zugrunde gelegt, wie das außergewöhnliche, hervorgehobene Ereignis (die ›unerhörte Begebenheit‹), die geschlossene Form, der tektonischer Aufbau mit einer Spitze und einem Wendepunkt, Leitmotive und der Anspruch der Objektivität. Da diese Merkmale und insbesondere die ›unerhörte Begebenheit‹ nicht auf *Tonio Kröger* zutreffen, handelt es sich in dieser Sicht nicht um eine Novelle.[7]

7 Hermann Kurzke, *Thomas Mann. Epoche – Werk – Wirkung*, München [4]2014, S. 103; Dirk Jürgens, *Thomas Mann: Tonio Kröger / Mario und der Zauberer*, München 2013, S. 19.

In der anderen Richtung wird davon ausgegangen, dass Novellenbegriffe immer in ihrem jeweiligen historischen Kontext zu betrachten sind und nicht einfach auf eine Novelle des 20. Jahrhunderts übertragen werden können, vielmehr davon auszugehen ist, dass die Form im Laufe der Jahrhunderte flexibler geworden ist. Die sich ab 1900 entwickelnde Novelle ist oftmals durch ihre Ereignislosigkeit, dem Fehlen einer ›unerhörten Begebenheit‹ gekennzeichnet, reflektiert die Form selbst und wendet sich tendenziell mehr inneren Vorgängen, dem Subjektiven und individuellen Erfahrungen zu, indem die Erzählperspektive bei einer Figur liegt, wie in *Tonio Kröger*. Auch gibt es hier durchaus eine Wende im Geschehen und Leitmotive, die die Novelle strukturieren. Statt aber den Fokus auf die Handlung zu setzen, geht es um innere Vorgänge[8], das Unerhörte im Inneren, Reflexionen, Stimmungen und Erfahrungen des Helden.

Die moderne Novelle

8 Hermann Wiegmann, *Die Erzählungen Thomas Manns. Interpretationen und Realien*, Bielefeld 1992, S. 104.

5. Quellen und Kontexte

Der Entstehungsprozess

Mit dem Thema dieser Novelle setzte sich Thomas Mann bereits in den späten 1890er Jahren auseinander. Ein entscheidender Anstoß für das Entstehen der Novelle war eine Reise, die Thomas Mann im September 1899 von München nach Dänemark machte. Er unterbrach seine Reise in seiner Heimatstadt Lübeck und wohnte fünf Tage in einem dänischen Badehotel in Ålsgårde. Thomas Mann begann seine Arbeit an *Tonio Kröger* im Winter 1899, unterbrach sie jedoch und setzte sie erst fort, nachdem sein Roman *Die Buddenbrooks* 1900 beendet und 1901 erschienen war. Nach einer erneuten Pause nahm er die Schreibarbeit an der Novelle 1902 wieder auf und schloss sie im gleichen Jahr ab. Sie erschien 1903 in der *Neuen Deutschen Rundschau* und im gleichen Jahr in der Novellensammlung *Tristan* mit fünf weiteren Novellen. Der ursprüngliche Titel sollte »Litteratur« heißen, wie er seinem Bruder in einem Brief vom 13. Februar 1901[9] mitteilte. Der Titel gibt den thematischen Schwerpunkt der Novelle an.

9 Hans Wysling (Hrsg.), *Thomas Mann – Heinrich Mann. Briefwechsel 1900–1949*, Frankfurt a. M. 1984, S. 19.

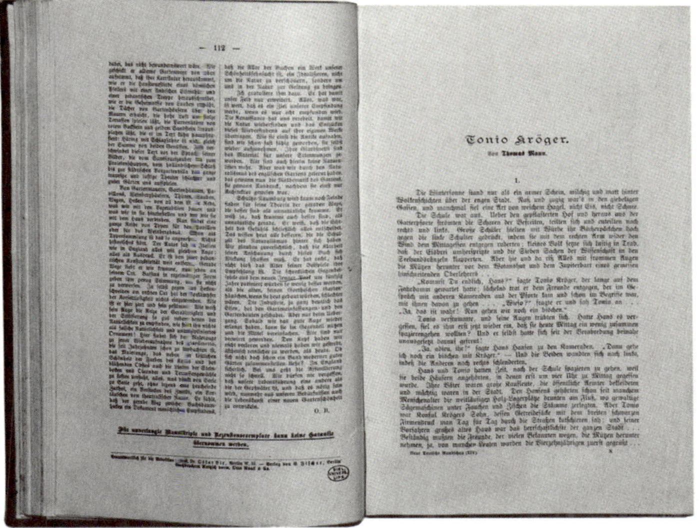

Tonio Kröger.

Von Thomas Mann.

1.

Die Wintersonne stand nur als ein armer Schein, milchig und matt hinter Wolkenschichten über der engen Stadt. Naß und zugig war's in den giebeligen Gassen, und manchmal fiel eine Art von weichem Hagel, nicht Eis, nicht Schnee.

Die Schule war aus. Ueber den gepflasterten Hof und heraus aus der Gatterpforte strömten die Scharen der Befreiten, teilten sich und enteilten nach rechts und links. Große Schüler hielten mit Würde ihr Bücherpäckchen hoch gegen die linke Schulter gedrückt, indem sie mit dem rechten Arm wider den Wind dem Mittagessen entgegen ruderten; kleines Volk setzte sich lustig in Trab, daß der Eisbrei umherspritzte und die Siebensachen der Wissenschaft in den Seehundsränzeln klapperten. Aber hie und da riß Alles mit frommen Augen die Mützen herunter vor dem Wotanshut und dem Jupiterbart eines gemessen hinschreitenden Oberlehrers …

„Kommst Du endlich, Hans?“ sagte Tonio Kröger, der lange auf dem Fahrdamm gewartet hatte; lächelnd trat er dem Freunde entgegen, der im Gespräch mit anderen Kameraden aus der Pforte kam und schon im Begriffe war, mit ihnen davon zu gehen … „Wieso?“ fragte er und sah Tonio an … „Ja, das ist wahr! Nun gehen wir noch ein bißchen.“

Tonio verstummte, und seine Augen trübten sich. Hatte Hans es vergessen, fiel es ihm erst jetzt wieder ein, daß sie heute Mittag ein wenig zusammen spazierengehen wollten? Und er selbst hatte sich seit der Verabredung beinahe unausgesetzt darauf gefreut!

„Ja, adieu, ihr!“ sagte Hans Hansen zu den Kameraden. „Dann gehe ich noch ein bißchen mit Kröger.“ – Und die Beiden wandten sich nach links, indeß die Anderen nach rechts schlenderten.

Hans und Tonio hatten Zeit, nach der Schule spazieren zu gehen, weil sie beide Häusern angehörten, in denen erst um vier Uhr zu Mittag gegessen wurde. Ihre Väter waren große Kaufleute, die öffentliche Aemter bekleideten und mächtig waren in der Stadt. Den Hansens gehörten schon seit manchem Menschenalter die weitläufigen Holz-Lagerplätze drunten am Fluß, wo gewaltige Sägemaschinen unter Fauchen und Zischen die Stämme zerlegten. Aber Tonio war Konsul Krögers Sohn, dessen Getreidesäcke mit dem breiten schwarzen Firmendruck man Tag für Tag durch die Straßen kutschieren sah; und seiner Vorfahren großes altes Haus war das herrschaftlichste der ganzen Stadt … Beständig mußten die Freunde, der vielen Bekannten wegen, die Mützen herunter nehmen, ja, von manchen Leuten wurden die Vierzehnjährigen zuerst gegrüßt …

Abb. 4: Erstdruck von *Tonio Kröger* in der *Neuen Deutschen Rundschau* (1903) H. 2, S. 113. – Wikimedia Foto © H.- P. Haack

Biographischer Hintergrund

Wie auch in anderen Werken von Thomas Mann bestehen zwischen Text und Biographie enge Bezüge und sind die Figuren realen Personen nachgebildet. Als Erstes sind die Heimatstadt Lübeck zu erwähnen und das Haus in der Mengstraße 4, dem Haus der Großeltern von Thomas Mann. In den *Buddenbrooks* bildet es das Zentrum der Handlung und ist heute nach diesem Roman »Buddenbrookhaus« benannt. 1897 zog hier tatsächlich eine Volksbibliothek mit einem Lesesaal ein, auf die in der Novelle angespielt wird. Thomas Mann selbst war auf seiner Durchreise nach Dänemark 1899 verwundert über diese Volksbibliothek. In Lübeck stieg er im Hotel Stadt Hamburg mit den beiden schwarzen Löwen am Eingang, die auch in der Novelle erwähnt werden (S. 44), ab und wäre, da er ohne Papiere reiste, beinahe wegen Hochstapelei verhaftet worden. Die Polizei vermutete in ihm einen Betrüger, der von der Münchner Polizei gesucht wurde. Wie sein Held Tonio Kröger verhalfen ihm seine Korrekturfahnen zur Freilassung.[10]

Das Elternhaus

Thomas Manns Vater war wie Konsul Kröger in der Novelle Konsul und besaß eine Firma für Getreidehandel, die nach dessen Tod aufgelöst wurde. Die Mutter verließ daraufhin die Heimatstadt. Thomas Manns Mutter stammte wie die des Titelhelden Tonio Kröger aus dem Süden, war sensitiv und sehr musikalisch. Doch anders als Tonios Mutter war Thomas Manns Mutter eine bürgerliche Frau. Die Parallelen zu den *Buddenbrooks* sind unübersehbar: der Schauplatz Lübeck, die Figur des Vaters, sein Getreidehandel, der Name Kröger, der niederländische Konsultitel und die südländische Mutter. Der biographische Hintergrund von Thomas Mann bestimmt auch diesen Roman.

Vorbild für die Figur Hans Hansen, die ursprüng-

10 Peter de Mendelssohn, *Der Zauberer. Das Leben des deutschen Schriftstellers Thomas Mann. Erster Teil 1875-1918.* Frankfurt a. M. 1975, S. 360ff.

lich in Anspielung auf Jacobsens Novelle *Frau Fönß* (1890) den dänischen Namen »Tage« tragen sollte, war zum einen sein Schulfreund Armin Martens, zu dem sich Thomas Mann hingezogen fühlte, zum anderen bildet die homoerotische Zuneigung zu dem Münchner Maler Paul Ehrenberg, dem Thomas Mann im Winter 1900/01 in München begegnete, den Hintergrund für die Gestaltung der Beziehung von Tonio zu Hans. Ehrenberg malte Pferdebilder, während Hans Pferdebücher liebt.

Vorbilder der Figuren

Eine Jugendbekannte von Thomas Mann, Magdalene Brehmer, regte zu der Figur Magdalena Vermehren an und der Vater eines Schulkameraden zu der Figur des Hotelbesitzers Seehase. Reales Vorbild für den Tanzlehrer François Knaak war der Hamburger Ballettmeister Rudolf Knoll, an dessen Tanzstunden in Lübeck Thomas Mann, seine Schwester Julia und Armin und Ilse Martens teilnahmen.[11] In Theodor Fontanes Roman *Irrungen, Wirrungen* (1888) taucht in einer Posse, die der Protagonist Botho auf seiner Hochzeitsreise mit seiner Frau Käthe in Dresden sieht, ebenfalls eine Figur namens Knaak auf. Sie trommelt den Tannhäusermarsch auf einem Kartenspieltisch.

Tonios Vater, der Konsul Kröger, vereinigt in sich Züge von Theodor Storm und Iwan Turgenjew, die Thomas Mann sehr geschätzt hat. Die Feldblume, die der Konsul im Knopfloch trägt, verweist auf eine Fo-

11 de Mendelssohn (s. Anm. 10), S. 119.

tografie von Storm, auf der er mit einer Feldblume (Veilchen) dargestellt wird. Bei Storm stehen Feldblumen für die Blätter des Buches und der Dichtung.[12] Doch tauchen Feldblumen auch in mehreren Erzählungen von Turgenjew auf.

Fiktion und Wirklichkeit

Das Interesse von Lesern an einer biographischen Lesart des Textes beruht nicht zuletzt auf der Berühmtheit des Autors, die nach Erscheinen der *Buddenbrooks* immer mehr zunahm. Trotz der engen Bezüge zur Lebensgeschichte Thomas Manns und zu realen Personen fallen poetische Fiktion und Wirklichkeit nicht in eins. Die Realität wird nicht abgebildet, sondern bildet nur eine Vorlage, die im Medium der Fiktion umgewandelt wird. Figuren, Orte und Geschehnisse gewinnen innerhalb eines Textes ihre Bedeutung.

■ Figurenwelt Thomas Manns

Die Figuren im Werk von Thomas Mann sind nicht nur nach der Wirklichkeit gezeichnet, sondern in anderen Romanen und Erzählungen bereits vorgebildet, so dass bestimmte Figurentypen im Werk Thomas Manns wiederkehren und sich ähneln. Beispielsweise gleichen Hanno Buddenbrook und Tonio Kröger sich im Aussehen, in ihrer Zerbrechlichkeit und ihrem Außenseitertum. Sie sind braunhaarig, sensitiv, und das Motiv der umschatteten Augen dient der Charak-

12 Laage (s. Anm. 2), S. 117–118.

terisierung beider Figuren, so wie ihre Gegenfiguren – Hannos Schulkameraden und Hans Hansen – durch »stahlblaue[n] Augen« (S. 8) gekennzeichnet sind. Hanno und Tonio verbindet zudem die Liebe zum Meer.

6. Interpretationsansätze

Tonio Kröger ist, wie in den vorhergehenden Kapiteln dargelegt, formal und inhaltlich durch die Gegensätze von Kunst vs. Leben und Künstler vs. Bürger gegliedert. Diese polare Struktur ist mit einer Schematisierung von lebensstarken, bürgerlichen vs. sensiblen, künstlerischen Figuren, einer räumlichen Zweiteilung von Norden und Süden und mit wiederkehrenden stereotypen Eigenschaften wie blond und blauäugig verknüpft. Aus diesem Dualismus (= Gegensatz) resultiert der innere Konflikt des Helden, dessen Weg von existenziellen Fragen nach der eigenen Identität, der sozialen Zugehörigkeit und seiner Rolle als Künstler bestimmt ist: Wer bin ich? Wer sind die anderen? Was bin ich? Wer will ich sein? Wo gehöre ich hin? Diese Fragen sind leitbildend für die folgende Interpretation, in der der Weg des Helden, der philosophische und ästhetische Hintergrund seiner Gespaltenheit und die Bedeutung von literarischen Texten, auf die Bezug genommen wird, erarbeitet werden sollen.

Der Held als Außenseiter

Die Wesensunterschiede zwischen den Figuren rücken den Helden von Beginn an in die Rolle des Außenseiters. Er fühlt sich von den anderen ausgegrenzt und er grenzt sich selbst aus. Fortlaufend spürt und reflektiert er die eigene Andersheit in seinem Aussehen (braunhaarig, dunkeläugig), seinen literarischen Interessen, seiner lyrischen Produktivität und seinem verinnerlichten, zwiespältigen Wesen und leidet darunter. Die Gegenfiguren, Hans und Inge, verkörpern mit ihren Merkmalen blond, blauäugig, körperliche Stärke, sportliche Interessen und Lebensfreude ein ungebrochenes Leben, nach dem Tonio sich sehnt.

Figurenbeziehungen

Hans und Inge sind die Sehnsuchtsfiguren in der Jugendzeit des Helden. Doch die Beziehungen zwischen den Figuren und ihr kommunikatives Verhalten sind nicht von gleicher Art.

Hans

Tonio liebt Hans wegen seiner Schönheit und »weil er in allen Stücken als sein eigenes Widerspiel und Gegenteil« (S. 11) erscheint. Er wirbt um Hans' Zuneigung und ist emotional hin- und hergerissen: »Aber er begehrte schmerzlich, so, wie er war, von ihm geliebt zu werden [...]« (S. 12). Er sehnt sich nach Nähe und Übereinstimmung und täuscht sich selbst über das vermeintliche Einverständnis mit Hans:

> »Wie gut sie einander verstanden! Wer wußte, – vielleicht brachte er ihn noch dazu, ebenfalls Verse zu schreiben? ... « (S. 17)

Im nächsten Moment nimmt Tonio den Wunsch, Hans möge sich ihm anverwandeln und annähern, wieder zurück und betont, er möge bleiben, wie er ist:

> »Nein, nein, das wollte er nicht! Hans sollte nicht werden, wie Tonio, sondern bleiben, wie er war, so hell und stark […].« (S. 17)

Hans ist eine Identifikationsfigur für Tonio auf der Basis seiner Andersheit und nicht der Ähnlichkeit. Trotz seines Hin und Her möchte Tonio Hans in seiner Andersheit, die er vor allem an dessen Lebensstärke festmacht, belassen und erlebt die Liebe in der Distanz und Differenz zu ihm. Sie wird zum bestimmenden Sehnsuchtsmotiv des Helden.

Ingeborg

Während Hans Sympathie für Tonio empfindet, ist davon bei Inge nichts zu spüren. Sie nimmt Tonio kaum zur Kenntnis und verlacht ihn, als er beim Tanzen versehentlich in die Gruppe der Damen gerät. Finden zwischen Hans und Tonio noch ein unmittelbarer Austausch im Gespräch und eine gemeinsame Handlung (Spaziergang) statt, fehlt eine direkte Verbindung zu Inge. Ihre Begegnung erfolgt allein im Medium des Tanzes. Auch wirbt er nicht um sie und der Schwerpunkt seines Begehrens verschiebt sich allein auf sein Lieben, wohingegen er von Hans noch geliebt werden wollte: »Denn das Glück, sagte er sich, ist nicht, geliebt zu werden; […] Das Glück ist, zu lieben […]« (S. 23). Er drückt damit den Verzicht auf die Erfüllung der Liebe aus.

Fremd vs. vertraut

Der Abstand zur Sehnsuchtsfigur Inge hat sich gegenüber Hans vergrößert und eine Verständigung ist nicht mehr möglich, wie der Held selbst feststellt (S. 23). Er spürt nur Fremdheit. Das Fremde wiederum ist es, das ihn anzieht, nicht das Vertraute und die Wesensübereinstimmung, wie an seiner Ablehnung von Magdalena zu erkennen ist. Diese Grundhaltung wird später in Dänemark durch das blasse, magere Mädchen bekräftigt, von dem er sich abwendet. Als sie beim Tanzen hinfällt, spiegelt sich darin sein eigenes Missgeschick von einst, und er spürt erneut, er gehört nicht dazu, und geht, nachdem er dem Mädchen aufgeholfen hat, nach einem Blick auf Hans und Inge fort (S. 71).

Erzählperspektive

Mit der Veränderung der inneren Situation des Helden verschiebt sich die Erzählperspektive des Erzählers (»Aber Tonio Kröger stahl sich fort, ging heimlich auf den Korridor hinaus [...]« S. 22) zunehmend mittels der erlebten Rede auf die Innensicht des Helden. So lässt er den Leser an Tonios Gefühlen und Gedanken teilhaben: »Warum, warum war er hier? Warum saß er nicht in seiner Stube am Fenster [...]« (S. 22).

Innerer Dialog

Innerhalb der erlebten Rede verwendet Tonio eine direkte Du-Anrede an Hans und Inge und wechselt vom Präteritum ins Präsens: »Deine länglich geschnittenen, blauen, lachenden Augen, du blonde Inge!« (S. 22). Er führt mit ihr wie schon mit Hans einen inneren Dialog, der aber nicht gehört wird. Die anderen erfahren nichts von dem, was in Tonio vorgeht. Eine Aura von Einsamkeit und Ich-Bezogenheit umgibt den Helden von Beginn an und wird im weiteren Geschehnisverlauf von ihm selbst gepflegt und verfestigt. Der Held verharrt in seinem Leiden und unternimmt keine Schritte, um die innere Distanz zu anderen zu überbrücken. Im Gegenteil, er hofft, dass Inge kommen und fühlen möge, »wie es um ihn stand« (S. 22).

Bürgerliche Ordnung

Die Pole, zwischen denen sich der jugendliche Held bewegt, sind markiert durch zwei Lebensformen und ihre jeweiligen Wertsysteme: dem bürgerlichen Leben, verkörpert durch seinen Vater, durch Lehrer und Mitschüler, und dem unbürgerlichen, künstlerischen Leben, für das seine Mutter und er selbst stehen.

Der Zwiespalt

Zwischen diesen zwei Wert- und Normsystemen ist Tonio hin- und hergerissen und wechselt häufig die Position, indem er sich vom Standort des anderen selbst infrage stellt, im nächsten Schritt jedoch diese Position wieder zurücknimmt und vom eigenen Standort aus die Werte und Normen der anderen zurückweist:

> »Dieses, daß er ein Heft mit selbstgeschriebenen Versen besaß, war durch sein eigenes Verschulden bekannt geworden und schadete ihm sehr, bei seinen Mitschülern sowohl wie bei den Lehrern. Dem Sohne Konsul Krögers schien es einerseits, als sei es dumm und gemein, daran Anstoß zu nehmen, und er verachtete dafür sowohl die Mitschüler wie die Lehrer [...]. Andererseits aber empfand er selbst es als ausschweifend und eigentlich ungehörig, Verse

zu machen, und mußte all denen gewissermaßen recht geben, die es für eine befremdende Beschäftigung hielten.« (S. 10)

Zuerst lehnt er die Haltung der Lehrer und Mitschüler ab, die ihn wegen seiner Verse ausgrenzen, dann verteidigt er sie wieder und zerlegt sich selbst, indem er deren Maßstab an sich anlegt und sein eigenes Dichten als ungehörig empfindet. Tonio Kröger nimmt eine Sowohl-als-auch-Haltung ein, bei der zwei Seiten bejaht und wechselseitig wieder eingeschränkt werden.

Tonio bezieht sich auf bürgerliche Werte, wie Leistung, Fleiß, Erfolg, wenn er die Kritik seines Vaters an seinen schlechten Noten für berechtigt und würdig hält, während er die Gleichgültigkeit der Mutter als »liederlich« (S. 12) empfindet. Der Vater ist als Wertinstanz auch für sein weiteres Leben tragend. Unter Berufung auf seinen Vater verurteilt er sein eigenes ausschweifendes Leben im Süden (S. 26) und beim Besuch seiner Vaterstadt fürchtet er, sein Vater könne kommen und ihn wegen seiner Lebensführung zur Rede stellen (S. 44, 47).

■ Vater als Wertinstanz

Die bürgerliche Ordnung bleibt für Tonio Kröger aufrechterhalten und bildet sein Bezugssystem auch dort, wo er in seinem Lebenswandel aus ihr ausbricht und sich im Süden in ausschweifende Abenteuer verliert, die er selbst verurteilt. Sein bürgerlicher Habitus (Kleidung, Auftreten, Höflichkeitskonventionen) trennt ihn von Lisawetas Künstlerbohème, die

■ Bürgerliche Ordnung

ihn deswegen verspottet: »Es ist bekannt, daß Sie eine gute Kinderstube genossen haben und wissen, was sich schickt« (S. 28). Nicht zuletzt ist dieser bürgerliche Habitus eine Maske, hinter der er seine innere Zerrissenheit versteckt.

Zigeuner

Das bürgerliche Wertsystem bildet die Basis seiner Abgrenzung vom Liederlichen und von zweifelhaften Artisten wie den »Zigeuner[n] im grünen Wagen« (S. 11, 26, 52). Sie stehen für ihn als Randfiguren außerhalb der bürgerlichen Gesellschaft, mit denen er nichts gemein hat.

Der Held und die Literatur

Von Beginn an beruft sich der Held direkt und indirekt auf literarische Texte von Goethe, Storm, Schiller, Ibsen, Shakespeare, Andersen, Turgenjew und Heine, um seine Gefühle, Wünsche und Gedanken zum Ausdruck zu bringen. Unterschiedliche Werke begleiten seinen Weg und spiegeln seine innere Befindlichkeit.

Empathische Lektüre

Der jugendliche Held im Alter von 14 und 16 Jahren pflegt eine identifikatorische und empathische (= nachempfindende) Lektürepraxis. Er denkt sich in eine fiktive Figur wie den König Philipp aus Schillers *Don Carlos* hinein und empfindet dessen Gefühle von Einsamkeit und Verrat nach. Er projiziert seine eigene Enttäuschung über Hans, der den verabredeten Spaziergang vergessen hat, auf den einsamen König.

In Bezug auf Inge beruft sich Tonio auf Texte von

Theodor Storm, in denen er seine eigenen Empfindungen ausgedrückt findet. Auf dem misslungenen Tanzabend fragt Tonio sich, warum er nicht in seiner Stube sitze und »Immensee« lese (S. 22). Mit dieser Storm-Novelle hat *Tonio Kröger* das Stimmungshafte, die Handlungsarmut und die Gestaltung des Geschehens aus der Innensicht der Hauptfigur Reinhard gemeinsam, der in einer Rückblende der verlorenen Jugendliebe nachtrauert. Beide Hauptfiguren verbinden die unerfüllte Liebe und die Einsamkeit. Seine Sehnsucht nach der Geliebten findet Tonio in Storms Gedicht *Hyazinthen* gespiegelt: »Ich möchte schlafen; aber du mußt tanzen.« (S. 21) Auf dem dänischen Tanzfest erinnert er sich dieses Verses, ordnet ihn jedoch in einen anderen Bedeutungszusammenhang ein (siehe hierzu den Abschnitt *»Die kleine Seejungfrau«*, S. 72 f.).

Theodor Storm

Literatur wird für Tonio zu einem Ausdrucksmedium seiner selbst, seiner Erfahrungen, Gefühle und Sehnsüchte. Im Medium der literarischen Fiktion findet er Figuren, denen er sich nahefühlt und in denen er sich wiedererkennt. Sein Umgang mit literarischen Texten spiegelt den Lektüremodus eines Jugendlichen, der sich von seiner Umwelt unverstanden fühlt und in eine fiktionale Welt zurückzieht. Literatur wird zu einem Raum, in dem Tonio Kröger sich heimisch fühlt, wo er sich sonst im realen Leben nur in seiner Fremdheit, Andersheit und Ausgeschlossenheit erfährt.

Literatur als Ausdrucksmedium

Was ist der Künstler?

Das Thema »Andersheit/Differenz« wird im weiteren Verlauf des Textes variiert, nachdem Tonio Kröger die Stadt verlassen hat, in den Süden geht und sich neuen Inhalten und Lebenszielen zuwendet (S. 24). Gehörten in seiner Jugendzeit die soziale Ausgrenzung und unerwiderte Liebe zu den Ursachen seines Leidens, so verschiebt sich der innere Konflikt des Helden zur Künstlerproblematik: Die Entgegensetzung von Kunst und Leben, von bürgerlicher und künstlerischer Existenz wird zur Quelle des Leidens des erwachsenen und zum Künstler herangereiften Helden.

Der dekadente Ästhet

Sein Leben im Süden schwächt Tonios Gesundheit und führt zu einer verfeinerten Künstlerschaft, die mit Vokabeln wie »wählerisch, erlesen, kostbar, fein, reizbar gegen das Banale« (S. 27) umrissen wird. Es sind Signalwörter, die die Kunstauffassung und Lebenshaltung der Dekadenz (franz. *décadence*: ›Niedergang‹) aufrufen, einer literarischen Strömung der Moderne um 1900, für die Symptome des Verfalls, wie Krankheit und nervöse Überfeinerung, Lebensferne, eine Vorliebe für das Künstliche, eine kunstvolle Sprache mit ausgesuchten Vokabeln und ungewöhnlichen Metaphern, bezeichnend sind[13] (siehe dazu in Kap. 7 den Abschnitt »Literaturgeschichtliche

13 Wolfdietrich Rasch, *Die literarische Décadence um 1900*, München 1986, S. 47 ff., S. 62 ff.; Dieter Kafitz, *Décadence in Deutschland. Studien zu einem versunkenen Diskurs der*

Einordnung«, S. 104). Tonio rückt in die Nähe einer Kunst- und Lebenshaltung, die sich gegenüber der sozialen Realität abschottet und in eine eigene Kunstwelt zurückzieht. Mit Anzeichen von körperlicher Schwäche und seinem Sinn für das Erlesene trägt er Züge eines Dekadenten. Allerdings entgeht er den Gefährdungen einer dekadenten Existenz durch sein protestantisch geprägtes Leistungsethos, mit dem er sich in die Arbeit stürzt und sich zu einem anerkannten Schriftsteller entwickelt.

Der Künstler

Die den Weg des Helden bestimmende Frage – Was ist der Künstler? – geht auf die Philosophie Friedrich Nietzsches zurück, der auf Thomas Mann und sein Werk einen hohen Einfluss hatte. Tonio Kröger entwickelt im Gespräch mit Lisaweta sein Verständnis von Künstlertum und grenzt den wahren Künstler vom sogenannten ›Dilettanten‹ ab, der für ihn ein Nicht-Künstler ist (siehe hierzu Kap. 12 »Zentrale Begriffe und Definitionen«, S. 139).

Der Literat

Der Novellist Adalbert ist für Tonio kein wirklicher Künstler, sondern nur ein Caféhaus-Literat (S. 31), der sich von der Welt und allem Natürlichen wie dem Frühling fernhält, sich in eine künstliche Welt (Café) zurückzieht und keinen Kontakt zum realen Leben hat. Nach Adalberts Kunstverständnis sind die Inhalte gegenüber der Form zweitrangig. In seiner Lebens- und Naturferne wird Adalberts Kunst zur reinen Artistik, einem bloßen Formspiel, das sich selbst genügt

90er Jahre des 19. Jahrhunderts, Heidelberg 2004, S. 41, S. 52, S. 138.

und den Bezug auf die Wirklichkeit vernachlässigt, und er selbst zu einem Vertreter der literarischen Dekadenz.

Der Dilettant

Der Leutnant, der seine Gedichte öffentlich vorträgt (S. 40), ist für Tonio ein Bürger, der glaubt, ein Künstler zu sein. Tonio hält ihn für einen Dilettanten, weil er Gedichte macht, ohne das Handwerk der Kunst zu beherrschen. Seine Verse gehen zwar aus echten Gefühlen hervor, aber sie sind schlecht, weil er sie nicht gekonnt gestalten kann. Daher sind sie in Tonios Sicht keine Kunst und wirken nur peinlich. Er verliert bei Tonio an Ansehen.

Gefühlskälte als Kunstprogramm

Tonio glaubt wie Adalbert, dass Lebensferne und Gefühlskälte Voraussetzung für künstlerisches Schaffen seien. Der wahre Künstler dürfe nicht empfinden, sondern brauche eine Distanz: »Es ist aus mit dem Künstler, sobald er Mensch wird und zu empfinden beginnt« (S. 32). Gefühle hält er für banal und sentimental, künstlerisch wertvoll seien vielmehr »die Gereiztheiten und kalten Ekstasen unseres verdorbenen, unseres artistischen Nervensystems« (S. 31). Mit seiner Programmatik von Gefühlskälte, Artistik und nervöser Reizbarkeit nimmt Tonio Kröger die Haltung eines lebensabgewandten dekadenten Künstlers ein.

Der Kaufmann

Aufgrund seiner Kunstauffassung verachtet Tonio auch den Kaufmann auf dem Schiff, der angesichts der Größe des Sternenhimmels den Menschen als klein empfindet (S. 55). Er verspottet dessen naive Beschreibung der Natur und verdächtigt ihn, »tief ehrlich empfundene Kaufmannsverse« (S. 56) zu schreiben. Er rückt ihn damit in die Nähe eines Dilettanten, der keinen wirklichen Zugang zur Literatur hat: »Au… nein, der hat keine Literatur im Leibe! dachte Tonio Kröger.« (S. 55) Der Kaufmann und der Leutnant sind für Tonio Bürger, die sich künstlerisch betätigen, und daher nur Dilettanten sind.

An der Überwältigung seiner eigenen Empfindungen scheitert auch Tonios Versuch auf der Schifffahrt, Verse auf das Meer zu machen. Es entstehen nur schlecht gemachte Verse voller Gefühlspathos und Kitsch: »Du meiner Jugend wilder Freund, so sind wir einmal noch vereint …« (S. 57). Ihm fehlt der emotionale Abstand zu dem Erlebten, um daraus eine gelungene lyrische Form zu machen.

Eigene Verse

Für Tonio Kröger ist wiederum der Bankier, von dem er Lisaweta erzählt, ein Künstler (S. 34). Als ehemaliger Straftäter, der im Gefängnis angefangen hat, Novellen zu schreiben, steht der Bankier wie der Künstler am Rande der bürgerlichen Gesellschaft und wird von ihr ausgegrenzt. Beide führen eine unbürgerliche und abenteuerliche Existenz. Nicht als Bürger, sondern als Krimineller kann der Bankier zu schreiben beginnen.

Der Künstler als Krimineller

Der Zusammenhang zwischen Künstler und Kriminellem geht auf Friedrich Nietzsche zurück, für den Lasterhaftigkeit und Kriminalität Folgen des Verfalls und der Lebensschwäche seiner Zeit waren.[14]

14 Hans Wysling, *Narzissmus und illusionäre Existenzform. Zu den Bekenntnissen des Hochstaplers Felix Krull*, Bern/München 1982, S. 25.

Aber es entsprach auch einer allgemeinen Tendenz um 1900, den Künstler in die Nähe eines Hochstaplers und Kriminellen zu stellen. Dieses Motiv taucht bereits bei dem Besuch Tonio Krögers in seiner Heimatstadt auf, in der er verdächtigt wird, ein Hochstapler und gesuchter Verbrecher zu sein (S. 52).

Die literarische Dekadenz

Mit der Abgrenzung des wahren Künstlers vom Dilettanten wird an den herrschenden Diskurs über Dekadenz und Dilettantismus in Philosophie und Literaturtheorie ab den 1890er Jahren im deutschsprachigen Raum angeknüpft. Typische Merkmale der Dekadenz sind die Ablehnung alles Natürlichen und der normalen bürgerlichen Welt mit ihren Konventionen und eine Vorliebe für künstliche Welten. Die Betonung von Gefühlskälte und Empfindungslosigkeit knüpft an die französische Tradition von Baudelaire an, der in den 1830er Jahren den Begriff der Décadence neu bestimmt hat. An die Stelle eines naiven Erlebens von Wirklichkeit tritt die reflektierte Wahrnehmung des Ichs, das sich selbst von außen beobachtet.[15] Kunst entsteht aus dieser Sicht nicht aus dem unmittelbaren Erleben, sondern ist etwas Gemachtes, das eine reflektierte Analyse fordert. Der französische Kulturkritiker Paul Bourget, dessen Theorie – vermittelt über den Schriftsteller Hermann Bahr und Friedrich Nietzsche – von großem Einfluss auf Thomas Mann war, hat den Typus des Dilettanten analysiert und ihm eine Haltung der Unverbindlich-

15 Kafitz (s. Anm. 13), S. 22, S. 136.

keit, Lebensschwäche und übersteigerten Sensibilität zugeordnet.

Aber es wird auch auf das klassische Kunstverständnis und den Begriff des Dilettanten um 1800 zurückgegriffen.[16] Danach ist der wahre Künstler durch Selbstdisziplin und eine Meisterschaft ausgezeichnet, die es ihm ermöglicht, Empfindungen in einer gelungenen künstlerischen Form zum Ausdruck zu bringen. Für den Dilettanten dagegen ist alles nur ein unverbindliches Spiel und er kann seine überstarken Empfindungen nicht künstlerisch umsetzen, weil er sich die dafür erforderlichen Kenntnisse nicht erarbeitet hat.

Der verirrte Bürger

Lisawetas Kunstauffassung

Die Malerin Lisaweta steht für eine andere Künstlerexistenz als Tonio. Sie empfindet keinen Zwiespalt von Kunst und Leben und leidet nicht unter dem Gefühl der Ausgeschlossenheit, sondern ist mit sich selbst identisch. Sie gibt sich unkonventionell und strahlt Lebensfreude aus:

> »Dabei steckte sie ihren Pinsel zu der Palette in die linke Hand, reichte ihm [Tonio] die rechte und blickte ihm lachend und kopfschüttelnd ins Gesicht.« (S. 28)

16 Hans Rudolf Vaget, »Der Dilettant. Eine Skizze der Wort- und Begriffsgeschichte«, in: *Jahrbuch der deutschen Schillergesellschaft* 14 (1970) S. 155, S. 157.

Im Unterschied zu Adalbert, dem Novellisten, grenzt sie die Natur nicht aus, sondern lässt mit dem Frühling alles Lebendige und Natürliche in ihr Atelier eindringen und wendet sich damit gegen eine dekadente Lebenshaltung. Auch vertritt sie eine andere Literaturauffassung als Tonio. Sie glaubt an die heilende Kraft der Literatur, die den Weg zur Liebe und zum Verstehen zeigen kann:

> »Die reinigende, heiligende Wirkung der Literatur, die Zerstörung der Leidenschaften durch die Erkenntnis und das Wort, die Literatur als Weg zum Verstehen, zum Vergeben und zur Liebe […] der Literat als vollkommener Mensch, als Heiliger […].« (S. 35 f.)

Arthur Schopenhauer

In Lisawetas Position spiegelt sich der Einfluss des Philosophen Arthur Schopenhauer, dessen Werk *Die Welt als Wille und Vorstellung* (1819/1844) von Tonio Kröger selbst anerkennend erwähnt wird (S. 70). Mit »Wille zum Leben« ist der Lebenstrieb des Menschen gemeint, der ihn vorantreibt und seiner Fortpflanzung und Selbsterhaltung dient. Für Schopenhauer ist das Leben ein Leiden, weil das Streben nach Leben stets aus einem Mangel wie Langeweile, Krankheit oder Schmerz entsteht, der jedoch nie aufgehoben werden kann. Daraus entsteht Unzufriedenheit. Aus diesem Leiden führen zwei Wege heraus: Zum einen die Askese (Armut, Keuschheit), die das Leben und den Lebenstrieb verneint und darin eine Heiligkeit besitzt. Zum anderen die Kunst. Sie hat eine Erlösungsfunktion, weil sie eine Distanz zum Leben und zum Lebenstrieb herstellt und dadurch den Künstler vom Leiden an der Welt befreit und ihm hilft, das Leid zu bewältigen. Kunst bildet für Schopenhauer einen Gegenpol zum Leben.

Kunst und Erkenntnis

Tonio hält sich für jemanden, der mehr sieht, empfindet und erkennt als die anderen, die normalen Bürger, die für ihn durch mangelnde Intellektualität und Naivität gekennzeichnet sind. Entsprechend beschreibt er das Selbstgefühl eines Künstlers:

> »Sie fangen an, sich gezeichnet, sich in einem rätselhaften Gegensatz zu den Anderen, den Gewöhnlichen, den Ordentlichen zu fühlen, der Abgrund von Ironie, Unglaube, Opposition, Erkenntnis, Gefühl, der Sie von den Menschen trennt, klafft tiefer und tiefer, Sie sind einsam, und fortan gibt es keine Verständigung mehr.« (S. 33)

Reflexionen, die die eigenen Gefühle, Gedanken und das Verhältnis zur Welt ständig hinterfragen, trennen den Helden von einem Leben, das ungebrochen und in völliger Übereinstimmung mit sich selbst verläuft. Zwischen den anderen und ihm gibt es keine Verständigungsmöglichkeit, so dass er ein Fremder unter ihnen ist, gezeichnet durch das Mal der Andersartigkeit auf seiner Stirn (S. 26, 33). In seiner Fähigkeit, die Welt zu durchschauen, fühlt er sich naiven und unreflektierten Menschen der bürgerlichen Welt überlegen.

Allerdings verbirgt sich hinter seiner rationalen, von Vernunft bestimmten Welterfassung auch die Sehnsucht nach dem normalen Leben und einem Zustand des ungebrochenen Einsseins mit sich und der Welt. Doch kann der Held nicht hinter seine Erkenntnis von Welt zurück.

Erkenntnisse, die ihm einen Blick hinter die Oberfläche der Wirklichkeit ermöglichen und ihm eine Wahrheit zeigen, die ihn abstößt, rufen bei Tonio »Erkenntnisekel« (S. 36) hervor. Er beruft sich auf Shakespeares Hamlet, der wie er selbst grüblerisch und gespalten ist. Tonio reist auf den Spuren von Hamlet, wenn er nach Kronborg fährt, wo Hamlet dem toten Geist seines Vaters begegnet, der ihm mitteilt, dass er von seinem Bruder ermordet wurde. Der Blick in die Wahrheit und die permanente Reflexion machen Hamlet handlungsunfähig, so dass er nicht in die Geschehnisse der Welt eingreifen kann.

■ Erkenntnisekel

Der Begriff des Erkenntnisekels und die Bezugnahme auf Hamlet gehen auf die Philosophie Friedrich Nietzsches zurück, für den Erkennen und Reflexion lebensfeindlich sind, weil sie ein unmittelbares, ungebrochenes Leben verhindern. In seiner *Geburt der Tragödie* (1872) heißt es: Wer einmal »einen wahren Blick in das Wesen der Dinge gethan« hat, hat erkannt und es ekelt ihn zu handeln und »die Welt, die aus den Fugen ist, wieder einzurichten«[17]. Bei der Formulierung »die Welt, die aus den Fugen ist« handelt es sich

■ Philosophischer Hintergrund

17 Friedrich Nietzsche, »Die Geburt der Tragödie«, in: F. N.: *Sämtliche Werke. Kritische Studienausgabe in 15 Bänden,*

um ein abgewandeltes Zitat aus Shakespeares *Hamlet*. Der Wissende vermag nicht einzugreifen, um die Welt, in der nichts mehr stimmt, zu ordnen.

Tonio Kröger ist nicht frei von Hochmut, wenn er sich die tiefere Erkenntnis und das echtere Naturempfinden zuspricht und sich den Zugang zur Literatur vorbehält. Er stellt sich damit über andere und grenzt den Bürger aus der Welt der Literatur aus. Völlig mit sich selbst beschäftigt, stilisiert er sich in seiner Selbstbezogenheit zu einem einsamen Helden, dem fremdes Leben unzugänglich ist. Ihn umgibt eine Aura von Einsamkeit und Besonderheit einer Künstlerexistenz. Doch entlarvt der Held sich selbst in seiner Sprache, die voll von falschem Pathos und Rührseligkeit ist, wenn er sich »der Macht des Geistes und Wortes« (S. 25) ergibt und »zwischen eisiger Geistigkeit und verzehrender Sinnenglut« (S. 26) schwankt.

Topos des einsamen Helden

Tonios ästhetische Haltung zeigt die Entfremdung des Helden von dem realen Leben und seine Unfähigkeit, sich in fremdes Leben hineinzudenken und ihm offen zu begegnen. Zugleich ist er gespalten, denn aus dieser Entfremdung wächst seine Liebe zum normalen Leben, zu der er sich Lisaweta gegenüber bekennt: »Ich liebe das Leben – dies ist ein Geständnis« (S. 38). Das Lebensglück liegt für Tonio im Einfachen, Banalen und Wohlanständigen, nicht im Außergewöhnlichen »von blutiger Größe und wilder Schönheit« (S. 38). Tonio betrachtet seine Trennung vom Leben

hrsg. von Giorgio Colli und Mazzino Montinari, Bd. 1, München/Berlin 1980, S. 56–57.

Lebensverarmung

und ein unbeteiligtes Wirken als Künstler als eine Verarmung und betont gegenüber Lisaweta seinen Wunsch nach Teilhabe am Leben: »daß ich es oft sterbensmüde bin, das Menschliche darzustellen, ohne am Menschlichen teilzuhaben« (S. 32).

Absage an die Dekadenz

Mit seiner Hinwendung zum Leben stellt Tonio sein eigenes Künstlertum infrage und geht in Distanz zum Kunstprinzip der Emotionslosigkeit und einer dekadenten Haltung, die er in der Zwischenphase eingenommen hat. Eine deutliche Absage erteilt er der Dekadenz und ihrer Vorliebe für das Künstliche, Außergewöhnliche und Abnorme, wenn er sagt: »Der ist noch lange kein Künstler, meine Liebe, dessen letzte und tiefste Schwärmerei das Raffinierte, Excentrische und Satanische ist […]« (S. 38).

Der verirrte Bürger

Lisawetas Diagnose für seine Zwiespältigkeit zwischen Kunst und Leben lautet am Ende des Gesprächs, dass Tonio ein »verirrter Bürger« sei, »ein Bürger auf Irrwegen« (S. 41). Sie ordnet ihn damit der bürgerlichen Welt zu und grenzt ihn aus der künstlerischen Welt aus. Er fühlt sich von ihrer Aussage getroffen und erkannt, »erledigt« (S. 41), wie er selbst sagt.

Tarnung der Geschlechtsidentität

Die Gegensätze von Kunst und Leben, Künstler und Bürger ziehen sich durch Wiederholung von Leitmotiven und stereotypen Eigenschaften wie blond und blauäugig überdeutlich durch den Text und verfestigen sich zu Deutungsschemata. Doch geht der Text in dieser Schematisierung und Festschreibung von Sinn nicht auf, sondern verweist auf noch tieferliegende Bedeutungszusammenhänge. Mehrere Signale im Text deuten darauf hin, dass der innere Zwiespalt des Helden nicht nur seine soziale und künstlerische Identität betrifft, sondern auch seine geschlechtliche.

Im Süden durchlebt Tonio ein sexuell ausschweifendes Leben (3. Kapitel), das er zugleich verachtet und das bei ihm Schuldgefühle und Gewissensnöte hervorruft, die er selbst in Verbindung mit seinem Vater und dessen Ethik bringt:

Abenteuerliches Leben

»Vielleicht war es das Erbteil seines Vaters in ihm, des langen, sinnenden, reinlich gekleideten Mannes mit der Feldblume im Knopfloch, das ihn dort unten so leiden machte […].« (S. 26)

Seine exzentrischen Abenteuer brechen mit bürgerlichen Normen und einem ethischen Wertesystem, das durch seinen Vater verkörpert wird, und lösen einen moralischen Konflikt bei Tonio aus.

Jedoch könnte das ausschweifende sinnliche Leben, das der Held führt und das ihn in tiefe Qualen stürzt, auch als eine Anspielung auf ein homosexuelles Leben des Helden verstanden werden, das angesichts seiner bürgerlichen Sozialisation und verinnerlichten bürgerlich-christlichen Normen Schuldgefühle hervorruft. Das Vokabular, das im Text verwendet wird, deutet zumindest auf eine tabuisierte Form von Sexualität hin – »er […] stieg tief hinab in Wollust und

Homoerotische Züge des Helden

heiße Schuld« (S. 26) –, auch wenn offenbleibt, was hier gemeint ist und welcher Art die Tabubrüche sind.

Innerhalb des Textes stützt die Tanzszene im 2. Kapitel eine Sichtweise, nach der der Held in geschlechtlicher Hinsicht eine ambivalente Figur ist. Tonio gerät versehentlich in die Gruppe der Damen und wird vom Tanzlehrer verspottet: »Halt, halt! Kröger ist unter die Damen geraten! En arrière, Fräulein Kröger, zurück, fi donc!« (S. 21) In der Forschung wird diese Szene als Enthüllung der verborgenen femininen Eigenschaften des Helden gedeutet[18], die seine Geschlechterrolle (männlich vs. weiblich) zwiespältig macht. Rückblickend gewinnt seine Zuneigung zu Hans Hansen homoerotische Züge.

Der feminine Held

Außer textinternen Signalen gibt es auch textexterne Signale, die auf die Problematik von Geschlechtsidentität und Homoerotik des Helden hindeuten. Diese außertextuellen Zusammenhänge sind jedoch nur unter Berücksichtigung von Thomas Manns Arbeitsnotizen, seiner Biographie und seinen homoerotischen Neigungen zu Arnim Martens und Paul Ehrenberg, die beide als Vorbilder für Figuren in *Tonio Kröger* dienten (siehe 4. Kapitel), entschlüsselbar.

Geschlechtsidentität

Thomas Mann hat für Ehrenberg ein Liebesgedicht geschrieben, aus dem Tonio Kröger auf dem dänischen Tanzfest eine Verszeile zitiert:

Ehrenberg-Zitat

18 Heinrich Detering, *Das offene Geheimnis. Zur literarischen Produktivität eines Tabus von Winckelmann bis zu Thomas Mann*, Göttingen 1994, S. 298.

»Ja, wie damals war es, und er war glücklich wie damals. Denn sein Herz lebte. Was aber war gewesen während all der Zeit, in der er das geworden, was er nun war? – Erstarrung; Öde; Eis; und Geist! Und Kunst! …« (S. 71)

»Erstarrung; Öde; Eis; und Geist! Und Kunst!« ist eine leicht abgeänderte Verszeile aus Thomas Manns Gedicht. Wörtlich heißt es dort:

»Was war so lang? – / Erstarrung, Öde, Eis. Und Geist! Und Kunst! / Hier ist mein Herz, und hier ist meine Hand / Ich liebe Dich! Mein Gott … Ich liebe Dich!«[19]

Der Figur wird ein Zitat eines Liebesgedichtes des Autors in den Mund gelegt, um sich von ihrem gefühlsarmen Leben im Süden zu distanzieren. In dieser Verbindung von Autor und Figur mischt sich Autobiographisches mit Fiktionalem (Erfundenem/Erdichtetem) und rückt den Helden in die Perspektive, eine homoerotische Figur zu sein, auch wenn dies andeutungsweise bleibt und an keiner Stelle explizit gesagt wird.

Spurensuche

Noch eine zweite Textstelle steht in einer Verbindung zu Thomas Manns Beziehung zu Paul Ehrenberg. Im Gespräch mit Lisaweta hebt Tonio seine Sehnsucht nach einem Freund hervor und distanziert

19 Hermann Kurzke, *Thomas Mann. Das Leben als Kunstwerk. Eine Biographie*, München 2000, S. 135.

sich von seinen Künstlerkollegen: »Aber bislang habe ich nur unter Dämonen, Kobolden, tiefen Unholden und erkenntnisstummen Gespenstern, das heißt: unter Literaten Freunde gehabt« (S. 38 f.). Diese Formulierung hat Thomas Mann in seinem siebten Notizbuch in Bezug auf Paul Ehrenberg verwendet, in der er ihn seinen einzigen wahren Freund nennt.[20]

Autobiographische Lektüre

Man wird einem literarischen Text sicher nicht gerecht, wenn man ihn von der Autobiographie eines Autors her deutet, aber bei Thomas Mann öffnet das Biographische vielfach einen Zugang zum Verständnis seines Werkes und seines Schreibstils. Er wendet im Rückgriff auf die eigene Lebensgeschichte ein Erzählverfahren der Verschleierung (franz. *Camouflage*: ›Tarnung‹) an. Indem er Biographisches aufgreift und in literarische Fiktion verwandelt, verbirgt er die homoerotische Identität einer Figur und macht ihre Geschlechtszugehörigkeit problematisch. Autobiographische Anspielungen ermöglichen es dem Leser wiederum, auf Spurensuche zu gehen und verschlüsselte Inhalte zu entschlüsseln.

Lesarten

Nicht jeder Leser verfügt über das autobiographische und literarische Wissen, um im Helden, seinen Sehnsüchten und Selbstzweifeln homoerotische Züge und die Problematik seiner Geschlechtsidentität zu entdecken. Doch auch ohne dieses Hintergrundwissen lässt sich der Text lesen und kann der Leser ihm einen Sinn abgewinnen, weil die Außenseiterproblematik und

20 Kurzke (s. Anm. 19), S. 135.

das Motiv der unerwiderten und nicht gelebten Liebe zu einem anderen Menschen, sei dieser männlich oder weiblich, eine allgemeine menschliche Erfahrung ausdrücken, einschließlich der Kränkung, die die Abweisung verursacht. Sie ermöglichen ein Wiedererkennen und Nachvollziehen von Lebenserfahrungen und stellen damit eine Verstehensbrücke zum Leser her.

Die Reise in den Norden

Mit der Reise des Helden in den Norden wird ein altes literarisches Motiv aufgenommen. Die Reise mit den typischen Phasen von Aufbruch, Übergang und Ankunft wird zu einem Weg der Erkenntnis und der Suche des Helden nach sich selbst. Sie verläuft in mehreren Etappen von der Vaterstadt, über die Schifffahrt und Kopenhagen bis zum Zielort Aalsgaard. Schrittweise treten auf seinem Weg die alten Motive von Blondheit und Blauäugigkeit (7. Kapitel) und Tanz/Musik (8. Kapitel) wieder auf und stellen fortlaufend einen Rückbezug innerhalb des Textes her.

Die räumliche Gegenüberstellung von Norden und Süden, die von Beginn an den Text strukturiert, wird mit den Zuordnungen von Vater, Männlichkeit, Rationalität und Bürgertum zum Norden und Mutter, Weiblichkeit, Sinnlichkeit und Künstlertum zum Süden wieder aufgenommen. Doch über die räumliche Richtungsangabe hinaus wird der Norden zu einem eigenen Erfahrungs- und Erkenntnisraum des Helden ausgeweitet.

■ Norden – Süden

Tonio wendet sich mit seiner Fahrt in den Norden von den Verlockungen und Gefährdungen des Südens ab. Seine Motive sind die Mahlzeiten, Namen wie Ingeborg, die wie Poesie klingen, die Ostsee, die er wiedersehen will, und seine Vorliebe für die nordische Literatur, wie er im Gespräch mit Lisaweta bekennt:

■ Reisemotive

> »Aber nehmen Sie die Bücher, die dort oben geschrieben werden, diese tiefen, reinen und humoristischen Bücher, Lisaweta, – […] Ich will […] diese Bücher an Ort und Stelle lesen […].« (S. 42)

Die einzelnen Phasen der Reise sind von der Erinnerung des Helden an bedeutsame Personen seiner Jugendzeit, an alte Wege über den Mühlen- und Holstenwall und an vertraute Wohnhäuser von Hans und Inge in der Vaterstadt und Gegenstände der Vergangenheit wie den Walnussbaum und die Gartenpforte (S. 54) begleitet. Sie symbolisieren Heimat für ihn. Jedoch wird der Besuch in der Vaterstadt nicht zu einer Heimkehr. Vieles hat sich verändert und sein Elternhaus ist ihm durch die Volksbibliothek und die Umgestaltung der alten Räume fremd geworden.

■ Vaterstadt

Sein erster Gang durch die »dämmerigen, traumhaft vertrauten Gassen« (S. 44) seiner Heimatstadt ist begleitet von nebelhaften Gedanken. Angekommen im Hotel, schläft er lange »unter verworrenen und seltsam sehnsüchtigen Träumen« (S. 45). Müdigkeit, neblige Gedanken und seltsame Träume deuten auf einen Zustand, in dem der Held der realen Wirklich-

■ Träume

keit enthoben ist. Erst später in Kopenhagen, wo er überall auf blonde, blauäugige Menschen in den Straßen trifft, wird verraten, was er geträumt hat: Er sah »Augen, die so blau, Haare, die so blond, Gesichter, die von eben der Art und Bildung waren, wie er sie« (S. 58) in den Träumen in der Vaterstadt geschaut hat. Ungenannt und mit einem erotischen Unterton tauchen Hans und Inge, die Sehnsuchtsgestalten seiner Jugend, in seinen Träumen auf.

Die Meerfahrt wird zu einem Übergang des Helden in ein neues Stadium seiner Selbsterkenntnis. Er bewegt sich auf unsicherem Boden und befindet sich auf dem Element, das er besonders liebt (S. 10, 25): dem Meer.

■ Die Meerfahrt

> »Die Nacht fiel ein, und mit einem schwimmenden Silberglanz stieg schon der Mond empor, als Tonio Krögers Schiff die offene See gewann. Er [...] blickte hinab in das dunkle Wandern und Treiben der starken, glatten Wellenleiber dort unten, die umeinander schwankten, sich klatschend begegneten, in unerwarteten Richtungen auseinanderschossen und plötzlich schaumig aufleuchteten ...« (S. 53 f.)

Betont wird die dunkle Tiefe und die Wellen der See werden zu Leibern vermenschlicht, die sich dynamisch in alle Richtungen bewegen und deren Schaum in der Dunkelheit aufleuchtet.

Die Anthropomorphisierung (Vermenschlichung) des Meeres setzt sich bei der Beschreibung des Sturmes

■ Das Meer

fort. Umringt vom tanzenden Meer und einer aufgepeitschten See, die mit Riesenzungen emporspringt, schaumerfüllte Klüfte aufwirft und die Gischt in die Lüfte schleudert (S. 57), erlebt Tonio Kröger ein Glücksgefühl. Das Meer wird erotisch überformt, wenn es heißt, dass der kalte Schaum der Gischt wie eine »Liebkosung« (S. 57) sei, und es wird zu einem Raum, in dem Tonio sich als nicht entfremdet erfährt.

Die kleine Seejungfrau

Die schaumigen Wellenleiber in der Tiefe des Meeres sind Motive, die auf Hans Christian Andersens Märchen *Die kleine Seejungfrau* (1837) anspielen, das als Bezugstext für *Tonio Kröger* fungiert.[21] Die Seejungfrau ist ein Mischwesen aus einem Fisch- und Menschenleib, das im Meer lebt. Aus Liebe zu einem Prinzen und um eine unsterbliche Seele zu erlangen, verkauft es seine Stimme, nimmt Menschengestalt an und geht an Land. Wenn sie das Herz des Prinzen jedoch nicht gewinnen kann, droht der Seejungfrau der Tod und sie würde sich »in Schaum auf dem Meere verwandeln«[22]. »Schaum« ist ein Leitmotiv des Märchentextes und steht für Liebe und Tod.

■ Ähnliche Motive

Das Motiv der unerfüllten Liebe und des sinnlichen Begehrens verbindet die beiden Texte. Auch die Liebe

21 Michael Maar, *Geister und Kunst: Neuigkeiten aus dem Zauberberg*, München 1995, S. 84 ff.

22 Hans Christian Andersen, *Märchen*, Bd. 1, Frankfurt a. M. 1979, S. 136.

der Seejungfrau bleibt unerwidert; denn der Prinz liebt eine andere. Er gibt der kleinen Seejungfrau Männerkleidung, die ihre Weiblichkeit verdeckt, und behandelt sie wie einen geschlechtsneutralen Begleiter. Die Grenze zwischen männlicher und weiblicher Identität verschwimmt bei der Seejungfrau, sie ähnelt darin Tonio. Der sieht sich selbst als eine Mischung aus väterlich-männlichen und mütterlich-weiblichen Anteilen (S. 72). Auch in seiner Liebe zu Hans und Inge steht er zwischen männlicher und weiblicher Geschlechterrolle.

Wie Tonio sehnt sich die Seejungfrau nach einem Menschen, der einem anderen Bereich angehört als sie selbst – der Menschenwelt bzw. der normalen, bürgerlichen Welt – und der unerreichbar für sie ist. Die Seejungfrau und Tonio bewegen sich zwischen zwei Welten und Daseinsformen: Meer – Land, Tier – Mensch auf der einen Seite und Kunst – Leben, Bürger – Künstler auf der anderen Seite. Beide dürfen und können ihre Liebe nicht verwirklichen.

Zudem ähneln sich beide Figuren in ihrer Außenseiterrolle, die räumlich veranschaulicht wird durch ihre Beobachterposition. Tonio steht verborgen im Dunkeln hinter der Verandatür und beobachtet von außen und aus der Ferne Inge auf dem Tanzfest. Die kleine Seejungfrau sieht unbemerkt vom dunklen Meer aus durch das Fenster in das Innere des Schiffes mit dem hell erleuchteten Ballfest und dem Prinzen.

Noch ein weiteres Motiv wird aus dem Märchentext aufgenommen. In Andersens Märchen heißt es,

Messer-schmerzen

dass die Seejungfrau an Land nur unter Schmerzen gehen kann: »[…] jeder Schritt, den du machst, ist, als ob du auf scharfe Messer trätest, als ob dein Blut fließen müßte.«[23] Aber die Seejungfrau schreckt davor nicht zurück. Ihre Liebe zu dem Prinzen ist stärker als die Angst vor Schmerzen. Auf einem Ballfest führt sie einen kunstvollen, werbenden Tanz auf, der eine Qual für sie ist und mit dem sie den Prinzen am Ende doch nicht erreicht.

Messertanz

Die messerscharfen Schmerzen tauchen in *Tonio Kröger* im Motiv des Messertanzes auf. Auf dem Tanzabend in Aalsgaard erinnert sich Tonio an das misslungene Tanzfest in seiner Jugend und an die Verszeile aus Theodor Storms Gedicht *Hyazinthen* (1852): »Ich möchte schlafen; aber du mußt tanzen« (S. 21). Ein männliches Ich spricht die Geliebte an, die fern von ihm auf einem Fest tanzt, während er sich einsam in seinem Zimmer befindet. Doch Tonio deutet den Vers um, indem er Schlafen und Tanzen und die Spannung zwischen einsamem Ich und fernem Du auf sein männliches Ich bezieht:

> »Schlafen… Sich danach sehnen, einfach und völlig dem Gefühle leben zu dürfen, das ohne die Verpflichtung, zur Tat und zum Tanz zu werden, süß und träge in sich selber ruht, – und dennoch tanzen, behend und geistesgegenwärtig den schweren, schweren und gefährlichen Messertanz der Kunst

23 Andersen (s. Anm. 22), S. 130.

> vollführen zu müssen, ohne je ganz des demütigenden Widersinnes zu vergessen, der darin lag, tanzen zu müssen, indes man liebte …« (S. 70)

Tonio bringt den Schlaf mit Liebe und den Tanz mit Kunst, die nur unter Schmerzen und Gefahren ausgeübt werden kann, in Verbindung. Die Kunst, die hier metaphorisch mit dem Messertanz umschrieben wird, verhindert die selbstvergessene Hingabe an die Geliebte im Schlaf und verursacht daher Schmerzen. Wie bei der Seejungfrau wird der (Kunst-)Tanz zum Sinnbild eines unerfüllten Begehrens. Mit der Verpflichtung zur Tat wird wiederum auf das Leistungsethos des Helden angespielt, das zur Voraussetzung seiner künstlerischen Tätigkeit wird, jedoch um den Preis eines unerreichbaren Glücks im Leben und in der Liebe.

Funktion des Intertextes

Der intertextuelle Bezug auf das Märchen von Andersen hat mehrere Funktionen. Er rückt das Meer und seine Elemente in eine andere Perspektive und verändert den Blick auf einzelne Motive wie den Messertanz, der nur von Andersens Märchentext her deutbar ist, nicht aber von Storms Gedicht. Das Meer, in das der Held hinabschaut, spiegelt ihm sein eigenes Inneres zurück, aber es ist ein fiktionalisiertes Meer, das ihm den Zugang zu sich selbst öffnet, nicht der reale Naturraum. Denn die Seejungfrau ist eine literarische Märchenfigur, die im Meer lebt und auf die einzelne Elemente des Meeres (Wellen, Schaum, Gischt), die auch in *Tonio Kröger* eine Rolle spielen, bezogen sind. In ihr begegnet der Held sich selbst, nicht in realen Menschen und Erfahrungen. Im Medium einer literarischen Fiktion werden Wesenszüge des Titelhelden, seine prinzipielle Zweiteilung und Andersheit, sichtbar.

Die Wiederbegegnung

Am Ziel der Reise in dem dänischen Badehotel bewegt sich Tonio Kröger tagelang in einem träumerischen Schwebezustand am Meer, das »lockte und grüßte« (S. 60), und im Buchenwald. Immer wieder beobachtet er das Meer, das mal träge und grau und mal stürmisch mit tosender Brandung an die Küste schlägt. Durch den Vergleich der Wellen mit Stieren, »die die Hörner zum Stoße einlegen« und wütend gegen den Strand rennen (S. 60), wird das Naturgeschehen dramatisiert und wirkt wie ein Vorbote eines Ereignisses, das den Zustand des Stillstandes des Helden beendet. Aber die Stiere sind auch ein Bild für eine mächtige Sexualität.

Die Dramaturgie des Wetters

Die Dramatisierung von Naturvorgängen und der Wetterumschwung mit dem Wechselspiel von Licht und Dunkel werden als erzähltechnische Mittel eingesetzt, um eine Wende im Erzählgeschehen vorzubereiten. Nach der nächtlichen, mondbeschienenen Schifffahrt scheint eines Morgens nach langen trüben und verregneten Tagen die Sonne:

> »Nun aber sahen seine schlaftrunkenen Augen es [das Zimmer] in einer unirdischen Verklärung und Illumination vor sich liegen, über und über getaucht in einen unsäglich holden und duftigen Rosenschein […].« (S. 61)

Das Vokabular (Verklärung, Illumination, Rosenschein) überhöht die konkrete Situation ins Unwirkliche und Überirdische und erfüllt den Helden mit einem Glücksgefühl. Der Sonnenaufgang offenbart eine andere Wirklichkeit und kündigt ein Neues an.

Das Neue tritt mit dem Erscheinen des dänischen Paares ein. Das Ereignishafte und Unerwartete ihres Auftritts, das durch Naturvorgänge vorbereitet wird, wird nun sprachlich explizit vom Erzähler angekündigt – »[d]ann aber kam einer [ein Tag], an welchem etwas geschah« (S. 61) – und vor allem durch die Zeigegeste »[d]a geschah dies« und das gesperrte Schriftbild hervorgehoben:

Das Ereignis

> »Da geschah dies auf einmal: Hans Hansen und Ingeborg Holm gingen durch den Saal.–« (S. 63)

Das junge dänische Paar ist wie eine leibhaftige Vision von Hans und Inge und löst heftige Gefühle in Tonio aus. In dem Paar kehren die Sehnsuchtsfiguren seiner Jugend zurück. Die Grenze zwischen dem realen Paar und den erinnerten Jugendgestalten verschwimmt. Tonio nimmt das Paar vor dem Hintergrund früherer Deutungsmuster wahr und ordnet ihm dieselben stereotypen Merkmale zu, die einst Hans und Ingeborg kennzeichneten (S. 67) – blondhaarig, stahlblauäugig, breite männliche Statur, Matrosenanzug, Bewegungen, Gesten (lachend den Kopf zur Seite werfen) und die Lebensfreude –, mit der Ausnahme, dass Inge erwachsener geworden ist. Hans aber war unverändert (S. 63).

In Tonios Vorstellung tauchen Bilder vergangener Zeiten auf, die die Gegenwart des dänischen Paares überlagern. Es ist die Wiederkehr des schon einmal Erlebten: die Tanzszene, der Tanzlehrer, die Quadrille, die Scham über seinen Tanzfehler, das fallende Mädchen, in dem sich seine eigene Bloßstellung wiederholt, die Flucht auf die Veranda und die Einnahme der Beobachter- und Außenseiterposition. Wie damals spürt er, dass er nicht dazugehört und geht fort von dem Fest, »an dem er nicht Teil gehabt« (S. 71) hat. Das Reale rückt fern und der Held lebt in der Fiktion des Erinnerten, die so mächtig ist, dass er wie damals die Gefühlswärme und das Glück des Liebens spürt »denn sein Herz lebte« (S. 71); Gefühle, die er inzwischen verloren hatte, so dass sein Leben nur von Gefühlskälte (Öde, Eis) und Kunst beherrscht war. In der Erinnerung kehrt der Held zu den Sehnsuchtsfiguren seiner Jugendzeit zurück, die für ihn das Leben bedeuten, und er entdeckt auf neue Weise seine Liebe zu den Blonden/Blauäugigen und dem gewöhnlichen Leben, das er selbst nicht leben kann, als Grundzug seines Wesens.

Die Erinnerung

Hans und Inge stehen nicht für die Einzelwesen,

die Tonio einst geliebt hat, sondern für einen Typus der »lichten, stahlblauäugigen und blondhaarigen Art« (S. 67), die er mit Reinheit und Heiterkeit assoziiert. Sie verkörpern das starke Leben, eine stabile Identität und eine Übereinstimmung mit sich und der Welt, die durch keine Risse gekennzeichnet ist. Den Blonden und Blauäugigen bescheinigt der Held ein naives, glückliches Leben, das für ihn unerreichbar bleibt, weil er hinter den Stand seiner Reflexion und Erkenntnisse nicht zurückgehen kann. Hans und Inge sind Figuren des intakten Lebens, das einen Gegenentwurf zur Dekadenz mit ihren kränklichen, nervösen, lebensschwachen Künstlerfiguren und dem vom »Fluch der Erkenntnis« (S. 67) gepeinigten Intellektuellen und Außenseitern darstellt. Blonde Haarfarbe und Blauäugigkeit werden zu Zeichen einer ungebrochenen bürgerlichen Existenz.

Das intakte Leben

Die Wende zum Humanen

Die Wiederbegegnung mit der Vergangenheit durch das dänische Paar ist ein Schlüsselerlebnis für den Helden, der nun am Ende seiner Reise sein inneres Ziel erreicht hat und zu einer Erkenntnis und Annahme seiner selbst gelangt. In einem Brief an Lisaweta im letzten Kapitel knüpft er an das Gespräch mit ihr an und akzeptiert ihre Sicht, er sei ein »Bürger, der sich in die Kunst verirrte« (S. 72). Er definiert sich selbst in seiner Identität als jemand, der zwischen zwei Welten steht:

> »Ich stehe zwischen zwei Welten, bin in keiner daheim und habe es infolge dessen ein wenig schwer. Ihr Künstler nennt mich einen Bürger, und die Bürger sind versucht, mich zu verhaften …« (S. 73)

Mit der Anrede »[i]hr Künstler« schließt er sich aus der Welt der Künstler aus, aber er ordnet sich auch nicht in die Welt der Bürger ein, für die er ein verdächtiges Subjekt ist. Er ist mit keiner Welt identisch und doch gehören beide Welten zu ihm.

Tonios Kunstverständnis hat sich am Ende gewandelt. Für ihn zeichnet sich der wahre Dichter im Unterschied zum Literaten durch die »Bürgerliebe zum Menschlichen, Lebendigen und Gewöhnlichen« (S. 73) aus. Er spricht sich für eine dem Menschen zugewandte Kunst aus, eine Kunst, die nicht artifiziell (künstlich) ist und nur in sich selbst, ohne Bezug zum realen Leben kreist. Der Held benutzt für sein Bekenntnis zum Humanen und zur Bürgerliebe einen Bibelverweis:

■ Bibelzitat

> »Alle Wärme, alle Güte, aller Humor kommt aus ihr [der Bürgerliebe], und fast will mir scheinen, als sei sie jene Liebe selbst, von der geschrieben steht, daß Einer mit Menschen- und Engelszungen reden könne und ohne sie doch nur ein tönendes Erz und eine klingende Schelle sei.« (S. 73)

Tonio bezieht sich auf das »Hohe Lied« im 1. Korintherbrief 13,1 von Paulus, in dem es heißt: »[w]enn ich mit Menschen- und mit Engelzungen redete und hätte der Liebe nicht, so wäre ich ein tönendes Erz oder eine klingende Schelle«.[24] Jedoch übernimmt Tonio diesen Verweis nicht direkt aus der Bibel, sondern aus einer zweiten Quelle: Goethe beruft sich in einem Gespräch mit seinem Vertrauten Johann Peter Eckermann am 25. 12. 1825 auf diese Bibelstelle, um sich von dem Dichter August von Platen abzugrenzen.[25] Dem wirft er vor, seine Verse seien ein reines Formspiel mit wunderbaren Worten, die aber hohl seien und nur wie Erz tönen und wie eine Schelle (Glöckchen) klingen würden, weil ihm die Liebe zu anderen Menschen fehle.

Tonio beruft sich, wie so oft in entscheidenden Situationen seines Lebens, auf literarische Texte (das »Hohe Lied«, Goethe) und spricht mit den Worten anderer Texte. Statt sein eigenes Erleben und seine neue Einsicht über die Rolle der Kunst und des Künstlers in der Gesellschaft in seiner eigenen Sprache zu formulieren, verwendet er ein Zitat. Tonio bindet seine Bürgerliebe nicht an das wirkliche Leben, sondern an das Medium der Literatur, mit deren Stimme er sein Liebesbekenntnis zum Ausdruck bringt.

Zitierte Rede

Wie im Laufe des Textes in mehreren zentralen Passagen deutlich wird, lebt der Held nicht im wirklichen Leben, sondern in der Welt der Fiktionen. In seiner Jugend war Literatur ein Medium, in dem Tonio

Leben in der Fiktion

24 *Die Bibel. Nach der Übersetzung Martin Luthers*, Stuttgart 1999, S. 200.
25 Bellmann (s. Anm. 3), S. 43.

sich und seine Gefühle wiederfand. Auf dem dänischen Tanzfest mit der bedeutungsvollen Wiederkehr von Hans und Inge wandelt sich bei dem Helden das Reale in eine vorgestellte, gedachte Wirklichkeit, eine Fiktion (siehe den Abschnitt »Die Wiederbegegnung«). Innerhalb dieser Fiktion lebt er ein Gefühlsleben von Liebe, Sehnsucht, Kränkung, alter Scham und Einsamkeit, nicht im realen Leben, das immer nur Gegenstand seiner Sehnsucht bleibt. Hinzukommt der Intertext von Andersen (siehe den Abschnitt »*Die kleine Seejungfrau*«), der dem Helden sein Wesen verschlüsselt im Meer zurückspiegelt. Literatur wird zum Medium seiner selbst.

Mit seinen Ausführungen am Ende der Geschichte wendet sich Tonio gegen eine dekadente, ästhetizistische Position, die er selbst früher eingenommen hat und die gekennzeichnet war durch eine Trennung der Kunst von der Lebenswirklichkeit und sozialen Bindungen, von der kühlen Distanz zu einem naiven Erleben und dem Vorrang der Form gegenüber dem Inhalt. Der literarischen Dekadenz setzt er ein neues Wertesystem entgegen, indem er die Kunst auf das Humane (Herz, Gefühle für andere) verpflichtet und ihr eine gesellschaftliche Funktion zuweist. Er bindet die Dichtung an Inhalte und weist ihr die Aufgabe zu, menschliche Verhältnisse darzustellen, betont aber zugleich, dass auch die Inhalte der formalen Gestaltung bedürfen. Damit nimmt Tonio seine frühere ästhetizistische Position, nach der Gegenstände/Inhalte »nur das an und für sich gleichgültige Material«

Das Humane in der Dichtung

(S. 31) für ein Kunstwerk bilden, zurück. Er selbst fühlt sich berufen, die Welt zu ordnen und zu bilden und das Gewimmel menschlicher Gestalten zu bannen (S. 73). Mit diesen Worten stilisiert der Held sich selbst zu einem Dichter, der ein Schöpfer ist.

Der letzte Satz

Tonios Brief endet mit einem melancholischen Bekenntnis zur Bürgerliebe und zum Leben:

> »Sehnsucht ist darin [in der Bürgerliebe] und schwermütiger Neid und ein klein wenig Verachtung und eine ganz keusche Seligkeit.« (S. 73)

In Anlehnung an eine Formulierung in Iwan Turgenjews Erzählung *Faust* (1856)[26] drückt Tonio seine Zuneigung zum Menschen und den Wunsch nach Teilhabe am und zugleich die Ferne vom realen Leben aus, das ihm verschlossen bleibt.

Der letzte Satz der Novelle wiederholt den Satz, mit dem das 1. Kapitel schließt. Doch während im 1. Kapitel der Erzähler die Liebe des jugendlichen Tonio Kröger zu Hans kommentiert, erkennbar am Präteritum »Sehnsucht war darin« (S. 17), ist jetzt die Figur innerhalb der erzählten Welt das Sprechersubjekt. Sie zitiert den Erzähler. Was einst der Erzähler in Bezug auf den 14-Jährigen formuliert hat, wird nun zur Erkenntnis des erwachsenen Helden. Mit dem letzten Satz wendet sich die Novelle zurück an den Ausgangspunkt und umspannt das Erzählgeschehen. Es

Erzähler und Figur

26 Bellmann (s. Anm. 3), S. 43.

scheint, als würde der Held stillstehen und in immer denselben Konflikten von unerwiderter Liebe, Ausgrenzung und gespaltener künstlerischer Identität kreisen, ohne eine Lösung zu finden. Dieser Eindruck von Zirkularität und Stillstand wird durch Wiederholungen von Motiven, Themen und Szenen im Text, die zu einer kreisförmigen Bewegung führen, unterstützt. Doch bleibt genauer zu prüfen, ob der Held zu einer Lösung gelangt oder nicht.

Nach Hubert Ohl[27] fällt der Held auf den alten Stand seines Wirklichkeitsverständnisses zurück, hat nichts dazugelernt, sondern bleibt in seiner Außenseiterrolle fixiert und findet keinen Zugang zum Leben. Doch lässt sich dieser These zweierlei entgegenhalten: Zum einen gewinnt der letzte Satz vor dem Hintergrund des bisherigen Lebens des Helden, seiner Selbstzweifel und seines Hin- und Hergerissenseins zwischen Bürgerlichkeit und Künstlertum eine neue Aussagekraft. Die im letzten Satz formulierte Sehnsucht nach dem naiven Leben ordnet sich in den Zusammenhang einer Neubestimmung seines Künstlertums und eines Kunstprogramms, in der Bürgerliebe und Humanität zu einer ethischen Norm und zu einem Maßstab für ästhetische Qualität erhoben werden (wahres Dichtertum).

■ Die Lösung

Zum anderen gelangt der Held in seinem Selbstverständnis als Künstler und als Bürger, der der bürgerlichen Welt und ihrer Ethik verpflichtet ist, am Ende zu

27 Hubert Ohl, *Ethos und Spiel. Thomas Manns Frühwerk und die Wiener Moderne*, Freiburg 1995, S. 112.

einer neuen künstlerischen und sozialen Identität. Der Zwiespalt zwischen Kunst und Leben und Künstler- und Bürgerexistenz wird nicht aufgehoben, sondern die Spannung zwischen diesen Polen bleibt bestehen, ohne dass der Held sich für eine Seite entscheidet. Die Widersprüche seines Lebens werden nicht harmonisch aufgelöst, vielmehr ordnet er sich selbst in einen Raum zwischen diesen Polen ein und akzeptiert am Ende die Doppelexistenz seines Wesens. Er ist weder mit der einen noch mit der anderen Seite identisch, sondern zweigeteilt.

Existenz des Dazwischen

Anders als vergleichbare Künstlerfiguren bei Thomas Mann, wie etwa sein Gustav von Aschenbach in *Der Tod in Venedig*, geht Tonio Kröger nicht zugrunde, sondern findet eine Lösung, die als Antwort auf seine lebensbestimmenden Fragen nach seiner künstlerischen, sozialen und geschlechtlichen Identität und seinem sozialen Ort aufgefasst werden kann: Er behauptet seine eigene Position in einem Dazwischen, das seine Identität vielgestaltig macht, und akzeptiert seine Andersheit und Nicht-Zugehörigkeit zum normalen Leben.

7. Autor und Zeit

Kurzbiographie

Paul Thomas Mann wurde am 6. Juni 1875 in Lübeck geboren. Sein Vater Thomas Johann Heinrich Mann war Inhaber einer Großhandelsfirma, die bereits 1790 gegründet worden war; 1877 wurde er Senator der »Freien und Hansestadt Lübeck«. Thomas Manns Mutter Julia, geborene da Silva-Bruhns, kam aus einer reichen deutsch-brasilianischen Kaufmannsfamilie.

Thomas' Vater verlegte 1882 den Firmensitz von der Mengstraße 4 in das neue Wohnhaus in der Becker Grube 52 in Lübeck. Nach dem Besuch einer Privatschule ging Thomas Mann mit 14 Jahren auf das Katharineum in Lübeck, einem angesehenen Gymnasium. Als Schüler war er nicht sehr erfolgreich und musste drei Klassen wiederholen. Er verließ 1894 die Schule nach der Untersekunda (10. Klasse) mit einem Abgangszeugnis, das heute der Mittleren Reife entspricht.

■ Schulprobleme

Als sein Vater 1891 starb, wurde die Firma aufgelöst. Thomas' Mutter zog mit den drei jüngsten Kindern nach München, während Thomas noch in Lübeck blieb, um die Schule zu beenden. Sein Bruder Heinrich lebte bereits als Volontär des Fischer-Verlags in Berlin. 1894 ging Thomas ebenfalls nach München. Kurze Zeit war er Volontär einer Versicherungsgesellschaft. Da er aus dem Erbe seines Vaters eine monatliche Rente bezog, war er finanziell unabhängig und

■ Umzug nach München

Abb. 5: Thomas Mann, Portrait, 1900. – ETH-Bibliothek Zürich, Thomas-Mann-Archiv / Fotograf: Atelier Elvira TMA_5263

ging in München keinem Beruf und keiner Ausbildung nach. Als Gasthörer besuchte er an der Universität Vorlesungen u. a. über Kunst- und Literaturgeschichte und schrieb Beiträge für eine Zeitschrift, die sein Bruder Heinrich redigierte, und die ersten Erzählungen. *Der kleine Herr Friedemann* (1897) brachte seinen Durchbruch als Schriftsteller.

Beginn der schriftstellerischen Karriere

1895 reiste er mit seinem Bruder Heinrich nach Italien; während eines zweiten Italienaufenthaltes begann er 1897 mit der Arbeit am Roman *Die Buddenbrooks*, den er 1900 beendete. 1898 war er kurze Zeit als Lektor der satirischen Zeitschrift *Simplicissimus* tätig.

1899 reiste er nach Dänemark mit einer Zwischenübernachtung in Lübeck. Er wollte dort seine Erinnerungen an die Heimatstadt auffrischen, um den Schluss der *Buddenbrooks* gestalten zu können.

Heirat mit Katia Pringsheim

1905 heiratete Thomas die Mathematikstudentin Katia Pringsheim, Tochter aus einer reichen jüdischen Familie. Ihr Vater war Mathematikprofessor in München, ihre Mutter ehemalige Schauspielerin und Tochter der Frauenrechtlerin Hedwig Dohm. Zwischen 1905 und 1910 wurden die ersten vier Kinder geboren: Erika, Klaus, Golo und Monika, später folgten noch Elisabeth (1918) und Michael (1919). Der Roman *Die Buddenbrooks* hatte Thomas Mann berühmt gemacht, so dass er immer wieder zu Lesungen nach Berlin, Dresden und Weimar eingeladen wurde. Seine Frau Katia musste sich mehreren Kuren unterziehen u. a. in Sils Maria und Davos (Schauplatz des Ro-

Großer Erfolg: *Die Buddenbrooks*

Abb. 6: Thomas Mann 1938. Fotografie von Carl Van Vechten

mans *Der Zauberberg*). 1914 bezogen die Manns ihr neues Haus in der Poschingerstraße 1 in München. Seine Frau unterstützte ihn in seiner Arbeit, indem sie seine Korrespondenz führte und Termine und Honorare absprach.

■ Thomas Manns politische Haltung

Als 1914 der Erste Weltkrieg ausbrach, begrüßte Thomas diesen, während sein Bruder Heinrich ihn ablehnte und auch nicht an einen Sieg Deutschlands glaubte. Thomas Mann wandelte sich vom liberalen Intellektuellen zu einem deutsch-nationalen Konservativen. Die unterschiedlichen politischen Auffassungen zwischen den beiden Brüdern, die früher bereits ein angespanntes Verhältnis hatten, führten zu einem Zerwürfnis. In seinem berühmten Essay *Betrachtungen eines Unpolitischen* von 1918 nahm Thomas Mann eine antidemokratische Haltung ein, für die er viel Kritik erhielt. Doch änderte er bereits in den 1920er Jahren seine politische Position und befürwortete eine republikanische Wende. Am Ende der Weimarer Republik bekämpfte er wie auch sein Sohn Klaus den Aufstieg des Nationalsozialismus. In einer öffentlichen Rede von 1930 kritisierte er die humanitätsfeindlichen Tendenzen der Nationalsozialisten.

■ Zerwürfnis der beiden Brüder

1924 erschien *Der Zauberberg*. Ab 1926 begann er die Arbeit an den *Joseph*-Romanen, deren letzter Band 1943 herauskam. Mit seinem Bruder Heinrich hatte er sich inzwischen wieder versöhnt. 1929 erhielt Thomas Mann den Nobelpreis für Literatur für seinen Roman *Die Buddenbrooks*.

■ Nobelpreis für Literatur

■ Exil

1933 gingen Thomas, Katia, Erika und Klaus ins Exil in die Schweiz, weil eine Verhaftung drohte. Die Villa in München wurde beschlagnahmt. 1936 wurde Thomas Mann ausgebürgert. Um nicht staatenlos zu sein, hatte er zuvor bereits die tschechoslowakische Staatsbürgerschaft erworben. Seine Bücher durften in Deutschland nicht mehr verkauft werden. Nach einem kurzen Exil in Südfrankreich kehrte Thomas Mann in die Schweiz zurück und blieb dort bis 1938.

1938 übersiedelte Thomas Mann nach Princeton / New Jersey und hielt dort an der Universität Vorlesungen. 1940 ließ er sich in Kalifornien nieder, wo sich bereits eine deutsche Emigrantenkolonie gegründet hatte, und bezog 1942 eine Villa in Pacific Palisades / Los Angeles. Die Villa ist inzwischen wieder aufgebaut und als Thomas-Mann-Haus im Juni 2018 als eine Stätte für kulturellen und gesellschaftlichen Austausch eröffnet worden.

Über das Radio (BBC) wandte er sich monatlich von 1940 bis 1945 mit antifaschistischen Reden an die *Deutschen Hörer*. Er erhielt viele Ehrungen und besaß ein hohes Ansehen in den USA. Finanziell war er durch seine Einkünfte aus Veröffentlichungen, Reden und dem Nobelpreis abgesichert. 1944 erhielt er die amerikanische Staatsbürgerschaft. Sein Roman *Dr. Faustus* entstand zwischen 1943 und 1947.

■ Antifaschistische Reden

In den 1950er Jahren begann in den USA die McCarthy-Ära (benannt nach dem US-Senator Joseph McCarthy), in der Kommunisten und Sympathisanten der Sowjetunion verfolgt und denunziert wurden und viele Autoren und Schauspieler Berufsverbot erhielten. Auch Thomas Mann geriet wegen russlandfreundlicher Kommentare und Reisen in die DDR in Verdacht und wurde vom FBI und der OSS (Office of Strategic Services), dem späteren Auslandsgeheim-

■ Beschattung durch die CIA

dienst CIA, beschattet. Sein Vertrauen in die amerikanische Demokratie war erschüttert, er kehrte daher nach Europa zurück.

Rückkehr nach Europa

1952 ging er nach Zürich und bezog etwas später ein Haus in Kilchberg am Zürichsee. Hier setzte er seinen in den 1910er Jahren begonnenen Hochstapler-Roman *Felix Krull* fort, der aber unvollendet blieb. Nach einer kurzen Krankheit starb Thomas Mann am 12. August 1955 in Zürich.

Verfilmung: *Die Manns – Ein Jahrhundertroman*

Die Manns – Ein Jahrhundertroman heißt die Verfilmung des Lebens der Familie Mann in der Regie von Heinrich Breloer (2001), in der nicht nur Thomas und Heinrich Mann, sondern auch die Laufbahnen der *sechs Kinder* von Thomas und Katia Mann dargestellt werden. Sie verdienen auch an dieser Stelle eine Erwähnung, da ihre Lebensläufe eng verbunden sind mit der politischen Lage im NS-Deutschland und dem Exil: Der Sohn Klaus, der 1933 Deutschland verlassen musste, gründete eine Zeitschrift, war Schriftsteller und schrieb u. a. den Schlüsselroman *Mephisto* (1936) und den Exilroman *Der Vulkan* (1939). Er war einer der bedeutendsten Vertreter der Exilliteratur, fand jedoch nach 1945 als Intellektueller nicht mehr seinen Platz innerhalb der Gesellschaft und nahm sich 1949 in Cannes das Leben. Seiner älteren Schwester Erika, Schauspielerin, Schriftstellerin und Kabarettistin, war er eng verbunden. Erika wurde Thomas Manns Mitarbeiterin, als dieser aufgrund seines Alters eine Unterstützung für seine Arbeit brauchte. Die zweite Tochter Monika wurde in der Familie von

Die Kinder von Thomas Mann

Abb. 7: Thomas Mann mit Familie. Seine Frau Katia und die gemeinsamen Kinder Monika, Michael, Elisabeth, Klaus und Erika Mann (v.l.), 1924 auf Hiddensee. Nur Golo fehlt auf dem Foto. – © ullstein bild

allen abgelehnt. Sie galt als schwierig und hatte hysterische Anfälle. Sie schrieb Essays, Gedichte und Kurzgeschichten und studierte Klavier in Florenz. 1992 starb sie. Golo Mann war Historiker, Publizist und Professor für Politikwissenschaft in Stuttgart. Er verfasste einen großen Essay über Wallenstein (1971). Nach dem Tod des Vaters kümmerte er sich um den Nachlass. Der dritte Sohn Michael besuchte das Züricher Konservatorium, schlug eine Laufbahn als Musiker ein und beriet seinen Vater für dessen musiktheoretische Ausführungen in *Doktor Faustus*. Später wechselte er zur Literaturwissenschaft und erhielt eine Professur für Literaturwissenschaft in Berkeley. Er starb 1977, vermutlich ein Selbstmord. Elisabeth Mann war eine Expertin für Seerecht, setzte sich für ökologische Belange, insbesondere des Meeres ein und war Gründungsmitglied des »Club of Rome«, einer Organisation, die sich für den Schutz von Ökosystemen und nachhaltige Entwicklungen auf dem Planeten einsetzt. Sie erhielt eine Professur für Internationales Seerecht in Kanada. 2002 verstarb sie.

Werkübersicht

Außer Romanen, Novellen und Erzählungen hat Thomas Mann ein Drama *Fiorenza* (uraufgeführt 1907), Tagebücher, Essays und Reden geschrieben. In seiner Jugend hat er auch Gedichte verfasst, die er aufgrund ihrer mangelnden Qualität jedoch selbst vernichtet hat.

Essays

In seinem essayistischen Werk befasst sich Thomas Mann mit Fragen der Politik, Kultur, Kunst, Literatur und Philosophie. Dazu gehören auch Aufsätze über Fontane, Goethe, Storm und Richard Wagner und seine Autobiographie.

1918 ***Betrachtungen eines Unpolitischen.*** Dieser umfangreiche Essay dokumentiert Thomas Manns Auseinandersetzung mit der Zeitgeschichte. Mann verteidigt den Ersten Weltkrieg und wendet sich gegen westliche Demokratien, die er für kulturfeindlich hält, und unterstützt die Ideologie vom deutschen Sonderweg. Seine Polemik richtet sich vor allem gegen Frankreich und seinen Bruder Heinrich Mann, der ein erklärter Kriegsgegner war und sich für eine demokratische Gesellschaft aussprach. Thomas Mann kritisiert den Typus des Zivilisationsliteraten, der für ihn ein Gegenbild des deutschen Künstlers war und das Zersetzende und Radikaldemokratische verkörperte. Sein Essay steht für einen Konservatismus, für den Thomas Mann sehr kritisiert wurde. In den 1920er Jahren hat er jedoch seine politische Haltung geändert und sich für die republikanische Staatsverfassung und Demokratie eingesetzt. Seine *Deutsche Ansprache* (1930) war eine Reaktion auf den Wahlerfolg der Nationalsozialisten und ein Appell an das Bürgertum, sich gegen die Nationalsozialisten zu stellen. Mit seinen Rundfunkansprachen an die *Deutschen Hörer* (1940–45) im Exil in den USA nahm Thomas Mann den Kampf gegen den Nationalsozialismus und Hitler auf.

Romane

1901 ***Buddenbrooks. Verfall einer Familie.*** Dieser Dekadenzroman schildert anhand von vier Generationen den Niedergang einer Lübecker Kaufmannsfamilie. Die eigentliche Handlung erstreckt sich von 1835 bis 1877. Leichtlebigkeit, Verschuldung, gescheiterte Ehen, Betrug und Krankheit bestimmen das Leben der vier Kinder des Konsuls Johann Buddenbrook. Sein Sohn Thomas übernimmt das Erbe und wird Senator. Außer im kaufmännischen Niedergang wird die Zerfallsthematik an der ästhetischen Verfeinerung, den Selbstzweifeln, der Infragestellung bürgerlicher Lebensformen und Schwächung der Lebenskraft bei Thomas entwickelt, die sich bei seinem Sohn Hanno zur Lebensuntauglichkeit steigert. Der Prozess der Auflösung einer bürgerlichen Familie endet mit dem Tod des 15-jährigen musisch-sensitiven und kränklichen Hanno Buddenbrook. Mit dem Niedergang einer patrizischen Bürgerlichkeit geht ein Verfall von bürgerlich-protestantischen Werten (Fleiß, Zeitökonomie, Sparsamkeit) und ein Verlust an Vitalität und Leistungsfähigkeit einher. Mit seiner Verfallsthematik und den Motiven Krankheit, Tod, Nerven- und Lebensschwäche ordnet sich das Werk in die Literatur der Dekadenz ein und knüpft zugleich an die Tradition realistischen Erzählens an. Thomas Mann erhielt den Nobelpreis für diesen Roman, der ein großer Erfolg wurde.

1909 ***Königliche Hoheit*** ist der zweite Roman von Thomas Mann. Er war zwar bei den Lesern beliebt, aber die Literaturkritik nahm ihn zurückhaltend auf. Im Mittelpunkt steht der mit einer leichten Behinderung zur Welt gekommene Fürst Klaus Heinrich, der für seine späteren Repräsentationsaufgaben erzogen wird und zunehmend in einer Scheinwelt von Formen und Etiketten ohne jeden Wirklichkeitsbezug lebt. Die Ehe mit einer amerikanischen Milliardärstochter, die einem märchenhaften Ereignis ähnelt, befreit ihn aus seiner Isolation und rettet den verschuldeten Staat vor dem Bankrott. Klaus Heinrich wird in seiner öffentlichen und formalen Selbstdarstellung der eigenen Person selbst zu einer scheinhaften und künstlerischen Existenz.

1924 ***Der Zauberberg.*** Erzählt wird die Geschichte von Hans Castorp, einem jungen Ingenieur aus einer Hamburger Kaufmannsfamilie, der aus dem Flachland ins Hochland nach Davos reist, um seinen kranken Vetter im Sanatorium zu besuchen. Die Reise führt ins Abenteuerliche und bringt Castorps bisherige geordnete Welt durcheinander. Die morbide und erotisierte Atmosphäre des Sanatoriums hält ihn fest, so dass er statt drei Wochen sieben Jahre bleibt, bis er als Soldat einberufen wird und in den Ersten Weltkrieg zieht. In dieser abgeschlossenen Bergwelt trifft er auf todgeweihte Figuren, auf Liebe, Krankheit und die beiden Gestalten Naphta und Settembrini und ihre gegensätzlichen philosophischen Betrachtungen. Die Handlungen und Reflexionen der Figuren geben ein Bild der geistigen Auseinandersetzung des Bürgertums vor dem Ersten Weltkrieg. Der Roman ist voller Anspielungen auf antike Mythen (insbesondere die dort beschriebene Unterwelt), Märchen von H. C. Andersen, literarische Motive (der Zauberberg als Ort der Verführung und der Todesnähe) und enthält eine Reflexion auf die Zeit. Er versucht die Ursachen, die zum Krieg und zum Zerfall einer Gesellschaft führen, zu ergründen. Das Sanatorium als Raum des Niedergangs und der Krankheit ist auf den kultur- und zeitgeschichtlichen Zerfall bezogen und stellt die erzählte Welt als eine dekadente dar.

1939 ***Lotte in Weimar.*** Der Roman ist während seiner Exilzeit entstanden und beruht auf Thomas Manns Auseinandersetzung mit Goethe. Zum Handlungskern gehört die Begegnung zwischen der 63-jährigen Charlotte Kestner, geb. Buff, und dem 67 Jahre alten Goethe in Weimar im Jahr 1816. In Charlotte hatte sich Goethe einst verliebt und sie als Lotte zu einer Figur seines Romans *Die Leiden des jungen Werther* (1774) gemacht. Die Wiederbegegnung zwischen dem großen Goethe und Lotte ist desillusionierend, weil er sich nicht persönlich-vertraut gibt, sondern als großer Olympier auftritt. Goethe wird als eine zwiespältige Figur dargestellt. Lotte wirft ihm vor, er habe sie als ästhetisches Material in seinem Werther-Roman verwendet. Ihrem Vorwurf hält er die eigenen Leiden entgegen. Der Roman endet schließlich versöhnlich.

1933–43 ***Joseph und seine Brüder.*** Es handelt sich um einen vierbändigen Romanzyklus, dessen Ausgang zunächst der alttestamentliche Bibeltext um Joseph ist, in den dann aber zunehmend weitere Quellen einbezogen werden. Erzählt wird die Geschichte von Joseph, dem Sohn Jaakobs, und seinen drei Brüdern, die ihn verraten und in einem Brunnenschacht aussetzen. Aus dem befreien ihn ismaelitische Kaufleute und verkaufen ihn als Sklaven in Ägypten. In Ägypten steigt er zum Hausverwalter von Potiphar, dem Großeunuchen des Pharao, auf. Als Potiphars Frau ihn des Ehebruchs bezichtigt, kommt er ins Gefängnis, obwohl er ihr widerstanden hatte. Als Deuter der Träume des Pharaos steigt er wieder auf, wird zum Großwesir und rettet das Land über sieben fruchtbare und sieben dürre Jahre hinweg. Thomas Mann versucht mit dieser Romantetralogie einen biblischen Stoff zu vergegenwärtigen und einen Prozess der Menschwerdung und Selbstbestimmung des Ichs aufzuzeigen. Joseph wird zu einer Figur des Widerstandes gegen den Faschismus und der erneuerten Humanität.

1947 ***Doktor Faustus. Das Leben des Tonsetzers Adrian Leverkühn, erzählt von einem Freunde.*** Dr. Serenus Zeitblom, ein humanistisch gebildeter Gymnasialprofessor, erzählt in den Jahren 1943 bis 1945 die Geschichte von Adrian Leverkühn, geboren 1885 und gestorben 1940, der sein Theologiestudium abbricht und Musiker wird. Um etwas Neuartiges in der Kunst zu entwickeln und zu einem genialen Musiker zu werden, geht er einen Pakt mit dem Teufel ein und verkauft ihm seine Seele. Der Teufel verspricht ihm eine Steigerung seiner künstlerischen Produktivität. Dafür zahlt Leverkühn einen Preis: Er darf nicht lieben. Der Teufel hält Wort. 24 Jahre lang komponiert Leverkühn großartige Symphonien, Suiten, Kantaten, jedoch zahlt er am Ende mit seinem Leben. Thomas Mann verarbeitet in diesem Roman den Fauststoff und stellt eine Parallele zwischen dem Teufelsbund von Adrian Leverkühn und dem Weg Deutschlands in den Nationalsozialismus her. Modell für das Leben von Adrian Leverkühn war Friedrich Nietzsche. Erzählt wird auf mehreren Zeitebenen mit verschiedenen Sprachstilen und literarischen Anspielungen, die in einer Montagetechnik verschränkt werden und einen Bedeutungsreichtum erzeugen.

1951 ***Der Erwählte.*** Der Mönch Clemens erzählt die Geschichte des Papstes Gregorius. Als Kind eines Zwillingspaares wird er ausgesetzt und von Mönchen gerettet. Sein Vater kommt ums Leben und Gregorius heiratet später unwissentlich seine Mutter Sibylle. Nach Entdeckung der

Blutschande büßt er 17 Jahre angekettet auf einem Stein im Meer. Nach dieser Zeit kehrt er in die Welt der Christenheit zurück und steigt zum Papst in Rom auf. Der Roman vermischt die Legende von Gregorius mit dem antiken Ödipus-Stoff (Inzest-Motiv, Aussetzung als Kind), der christlich umgeformt wird (Sünde und Gnade).

1954 ***Bekenntnisse des Hochstaplers Felix Krull.*** Es handelt sich um ein Romanfragment, das mit der Bezeichnung »Bekenntnisse« an die abendländische Tradition der autobiographischen Lebensbeichte anknüpft. Felix Krull wird durch seine Begabung zur Schauspielerei zum Hochstapler, der die Wirklichkeit in ein Kunstspiel verwandelt. Er wird Hotelangestellter in Paris, tauscht seine Identität mit einem Marquis, wird vermögend und verführt in Lissabon Frau und Tochter von Prof. Kuckuck. In der Heldenfigur wird das Motiv des erotischen Abenteurers mit der Künstlerproblematik verknüpft, indem der Held als Verkleidungskünstler und Rollenspieler die Grenze zwischen ästhetischem Schein und Wirklichkeit überschreitet. Da sich der Held, leichtlebig und unfähig zur Selbstkritik, nicht ändert und nicht verbesserbar ist, handelt es sich bei diesem Roman um eine Variante des humoristischen Schelmenromans und eine Parodie auf den Bildungsroman.

Erzählungen/Novellen

1898 ***Der kleine Herr Friedemann.*** Der Band enthält mehrere Novellen und Studien zum Typus des Außenseiters und war Thomas Manns erster öffentlicher Auftritt als Schriftsteller. Der Held der Titelgeschichte, Herr Friedemann, ist ein körperlich verwachsener, sensibler Außenseiter, der am Ende zerbricht. Die Begegnung mit der schönen, jungen Gerda weckt Liebe und Begehren in ihm, die aufgrund seiner körperlichen Missbildung jedoch unerfüllbar sind und in eine Selbstvernichtung führen. Mit der Thematik von Eros, Tod und (körperlichem) Verfall schließt die Novelle an die literarische Dekadenz um 1900 an.

1903 ***Tristan.*** Hierbei handelt es sich um eine Sammlung von sechs Novellen mit *Tonio Kröger* als letzter Novelle. Die titelgebende Novelle *Tristan* und die Novelle *Die Hungernden* thematisieren wie *Tonio Kröger* das Verhältnis von Kunst und Leben und die Außenseiterrolle des Künstlers. Das Scheitern des lebensfeindlichen Schriftstellers Detlev Spinell in *Tristan* und die Figur der zerbrechlichen, kränkelnden und am Ende sterbenden Frau Gabriele sind bezeichnende Motive und Figuren der literarischen Dekadenz.

1912 ***Der Tod in Venedig.*** Die Thematik von *Tonio Kröger* und die Frage nach dem Wesen des

Künstlertums werden in dieser Novelle wieder aufgegriffen, doch während Tonio Kröger seine Bürgerlichkeit aufrechterhält, bricht diese in *Tod in Venedig* zusammen. Der alternde Schriftsteller Gustav von Aschenbach verlässt sein geordnetes bürgerliches Leben in München und geht nach Venedig. Trotz ausbrechender Cholera bleibt er in Venedig, weil er sich in den polnischen Jungen Tadzio verliebt hat und ihm verfällt. In seiner homoerotischen Leidenschaft für Tadzio verliert er zusehends seine Würde und macht sich lächerlich, indem er sich die Haare färben und sein Gesicht schminken lässt. Am Ende stirbt er an der Seuche am Strand. Die Handlung ist aufgrund der vielen Anspielungen auf das Totenreich und Figuren, die als Todesboten fungieren, eng mit einem mythologischen Hintergrund verknüpft. Strukturbildend ist die auf antike Quellen und auf Friedrich Nietzsche zurückgehende Gegenüberstellung von Apollinischem, das für Maß, Ordnung und Erkenntnis steht, und Dionysischem, das mit Chaos, Maßlosigkeit und Auflösung der Person verbunden ist. Aschenbach erliegt am Ende dem verführerischen Rausch und der Sehnsucht nach Tadzio, die ihn in den Abgrund führen und seine Existenz zerstören.

1930 ***Mario und der Zauberer.*** Die Novelle wurde gleich nach Erscheinen vom Publikum begeistert aufgenommen und hat ihren festen Platz im

Deutschunterricht. Sie handelt von dem körperlich verwachsenen Zauberkünstler Cipolla. Er ist ein gefährlicher Verführer, dem andere nicht widerstehen können. Am Ende wird er vom Ich-Erzähler Mario erschossen. Die Novelle wurde als eine politische Novelle rezipiert, die die Gefahren des Faschismus thematisiert.

1953 ***Die Betrogene*** ist die letzte abgeschlossene Erzählung von Thomas Mann und wurde von der Literaturkritik nicht geschätzt. Die Protagonistin Rosalie von Tümmler zeigt die Symptome einer Krebserkrankung, über die sie sich jedoch selbst täuscht. Die detaillierte Beschreibung von Körperlichkeit, Krankheit und Erotik enthält viele Tabubrüche und schwächt die Erzählung.

Literaturgeschichtliche Einordnung

Tonio Kröger ordnet sich mit seiner Heldenfigur, seinen Motiven und Themen in die literarische Dekadenz ein, einer Ausprägung der frühen Moderne (1880–1920er Jahre), die sich gegen den Naturalismus und die Darstellung sozialer Realitäten wandte, Verfallserscheinungen zum Thema machte und für ein neues Kunstverständnis eintrat.

■ Dekadenzliteratur

Die Literatur der Décadence (franz., ›Niedergang‹) entwickelte sich Mitte des 19. Jahrhunderts in Frankreich. Einer der Hauptvertreter war Charles Baudelaire, der alte Vorstellungen von Décadence als Verfall von Personen und eines Zeitalters ablehnte und den Begriff stattdessen als ein ästhetisches Verfahren bestimmte.[28] Unter Décadence verstand er einen Stil, bei dem die Sprache nicht mehr auf die Wirklichkeit verweist und diese beschreibt, sondern auf sich selbst und z. B. mit ungewöhnlichen Metaphern und einem seltenen Vokabular eine eigene Kunstwelt schafft, die der Erfahrungswirklichkeit entgegengesetzt ist. Er wandte sich gegen das klassische Kunstideal, nach dem sich alle Teile eines Werks zu einem harmonischen Ganzen zusammenfügen, indem er Einzelnes herauslöste und durch eine poetische Sprache verrätselte, geheimnisvoll und interessant machte. Für Baudelaire war Kunst nicht etwas, das aus unmittelbarem Erleben hervorgeht, sondern etwas Gemachtes, ein Artefakt, bei dem die Mittel distanziert und kalkuliert eingesetzt werden. Er hatte eine Vorliebe für künstliche naturferne Welten, für das Geheimnisvolle, für alles, das von einer Normalität abweicht, wie eine dekadente Erotik oder das Satanische, für eine verfeinerte Wahrnehmung und kränkliche, lebensuntüchtige Figuren.

Der französische Schriftsteller und Kulturkritiker Paul Bourget baute auf den dichtungstheoretischen Konzepten von Baudelaire auf und entwickelte eine Theorie der Décadence.[29] Er entwarf den Typus des

28 Kafitz (s. Anm. 13), S. 35 ff.

29 Paul Bourget, *Psychologische Abhandlungen über zeitgenössische Schriftsteller*, übers. von A. Köhler, München 1903. [Originaltitel: *Essais de psychologie contemporaine*, 1883.]

Dilettanten, der durch eine Geistes- und Lebenshaltung der spielerischen Unverbindlichkeit, der Willensschwäche, des übersteigerten Empfindungsvermögens und der moralischen Gleichgültigkeit gekennzeichnet ist.

Die Auseinandersetzung mit Inhalten, Motiven und literarischen Schreibweisen der Décadence begann im deutschen Sprachraum erst in den 1880er Jahren. In dieser Zeit hat sich auch das Nomen »Dekadenz« im deutschsprachigen Raum durchgesetzt. Die Rezeption der französischen Quellen erfolgte vor allem über den österreichischen Schriftsteller Hermann Bahr, für den Künstlichkeit, Naturferne, Verrätselung, das Ungewöhnliche und eine Nervenempfindlichkeit (Nervosität) zentrale Merkmale der Dekadenz waren. Das Ich wendet sich nicht mehr der Außenwelt zu, sondern seinem Inneren, seinen Empfindungen und den vielen Eindrücken, die es von der Umwelt aufnimmt. Diese nervöse Überfeinerung mit dem Hang zur Selbstbeobachtung kann sich ins Krankhafte steigern. Vermittelt über Hermann Bahr und Heinrich Mann, ist Thomas Mann auf die Theorie von Bourget aufmerksam geworden.[30]

■ Rezeption

Der Begriff der Dekadenz ist um 1900 wesentlich durch Friedrich Nietzsche und dessen Rezeption der französischen Poetik und Theorie der Décadence geprägt (siehe dazu *Unzeitgemäße Betrachtungen* 1876; *Der Fall Wagner* 1888). Nietzsche nahm in seiner Be-

■ Philosophie

30 Vaget (s. Anm. 16), S. 153.

stimmung der Dekadenz eine kulturelle Perspektive ein: Er verstand unter Dekadenz nicht nur den körperlichen und psychologischen Verfall des einzelnen Menschen, verbunden mit einer großen Überfeinerung, spielerischer Intellektualität und Oberflächlichkeit, sondern auch den Verfall einer Kultur. Symptome dieses Verfalls sah er in der Massengesellschaft, einer Lebensverarmung, die aus der Unfähigkeit zum direkten Handeln, zu sozialer Aktivität und zum Erleben von realem Leben und dem Rückzug in die Kunst resultiert, und der Herabsetzung der Kunst zur bloßen Unterhaltung und in ihrer Instrumentalisierung für publikumswirksame Effekte. Dieser Vorwurf richtete sich vor allem gegen Richard Wagner, der für Nietzsche ein typischer Vertreter der Dekadenz war. In Auseinandersetzung mit Wagner entwickelte Nietzsche seine Vorstellungen von einem Stil der Dekadenz, die sich eng an Bourget anlehnten, aber auch auf Baudelaire zurückgingen. Für Nietzsche bestand die Kunst der Dekadenz in der Auflösung der Ganzheit eines Werkes und seines Zerfalls in Einzelteile. Das Detail wird hierbei überbetont und verselbständigt sich. Die Form, die sich hieraus ergibt, ist künstlich und bietet das Bild eines Verfalls der Kunst: »Das Ganze lebt überhaupt nicht mehr: es ist zusammengesetzt, gerechnet, künstlich, ein Artefakt. –«.[31]

31 Friedrich Nietzsche, »Der Fall Wagner«, in: F. N., *Sämtliche Werke. Kritische Studienausgabe in 15 Bänden*, hrsg. von Giorgio Colli und Mazzino Montinari, Bd. 6, München/Berlin 1980, S. 27.

Deutscher Sprachraum

In der deutschsprachigen Literatur finden sich Motive, Themen und Figuren der Dekadenz bei Hugo von Hofmannsthal, Arthur Schnitzler und in den Werken von Heinrich und Thomas Mann. Sie greifen allgemein verbreitete Themen wie Verfallserscheinungen, die Gegenüberstellung von Kunst und Leben und die Außenseiterposition des Künstlers auf. Thomas Mann stellt den Untergang einer Familie in den *Buddenbrooks* dar und in Hanno Buddenbrook, der mit 15 Jahren an Typhus stirbt, eine lebensmüde, dekadente Figur. Zudem wendet er im Roman den Stil der Dekadenz an, indem er Details in langen Beschreibungen von Figuren ›überbetont‹ und ironische Brechungen herbeiführt, womit er an die Poetik der Sprache von Baudelaire anschließt.

Tonio Kröger

Die genannten Merkmale der Dekadenzliteratur prägen auch *Tonio Kröger.* Dazu gehören die Ausnahmeexistenz des Künstlers, seine nervöse Reizempfindlichkeit und körperliche Schwäche, ein gespaltenes Ich, dessen Reflexivität ein naives Leben unmöglich macht. Auch die Auffassung, Kunst entstehe nicht aus der Unmittelbarkeit des Erlebens, sondern aus einer kühlen Distanz, schließt an die französische Tradition an. Tonio Krögers Suche nach Reizen im Süden und das Bedürfnis nach Erlesenem und Kostbarem entsprechen der ästhetischen Haltung eines Dekadenten und seiner Vorliebe für naturferne, künstliche Welten. Doch überwindet er seine dekadente Lebenshaltung durch eine Bejahung des bürgerlichen Lebens und seiner Wendung zum Humanen in der Kunst.

8. Rezeption

Tonio Kröger war ab 1906 bereits ein großer Publikumserfolg. 1913 erschien die erste Einzelausgabe im S. Fischer Verlag, die noch zu Lebzeiten von Thomas Mann eine Auflage von über 100 000 Exemplaren erreichte.

Forschung

Literaturkritik

Die zeitgenössische Literaturkritik hat, wie Hans Rudolf Vaget[32] darlegt, sehr positiv auf den Text reagiert. Diese Reaktion verdankt sich zum einen dem Interesse an einem jugendlichen Protagonisten und seinem Konflikt, zum anderen dem Autor Thomas Mann. Eine biographisch orientierte Lesart sah im Text eine Selbstdarstellung von Thomas Mann. Die in Tonios Brief an Lisaweta eingenommene Kunstauffassung wurde einseitig als eine Absage von Thomas Mann an die literarische Strömung der Dekadenz betrachtet. Der Rezeptionserfolg beruht auch darauf, dass die Künstlerproblematik des Helden Ausdruck eines Zeitphänomens um 1900 ist.

Weimarer Zeit / NS-Zeit

In der Weimarer Zeit (1918–1933) fand Thomas Mann Eingang in den Lesekanon der Schule.[33] In der Zeit des Nationalsozialismus, der Thomas Mann als ›artfremd‹ ablehnte und ihn 1936 ausbürgerte, war die

32 Vaget (s. Anm. 1), S. 116.

33 Horst Joachim Frank, *Geschichte des Deutschunterrichts von den Anfängen bis 1945*, München 1973, S. 704.

Rezeption seiner Werke unterbrochen, doch wurde Thomas Mann nach 1945 in der DDR und BRD wieder in den Lektürekanon der Schule aufgenommen, bevorzugt mit *Tonio Kröger*. Während die erste deutsche Schulausgabe erst 1952 erschien, gab es bereits 1928 in Riga, 1931 in New York und 1932 in Oxford kommentierte Ausgaben für den Schulgebrauch. Die Schulausgaben trugen mit zur Verbreitung von *Tonio Kröger* bei und zeigen die internationale Wirkung der Novelle.

Philosophischer Hintergrund

Die Thomas Mann-Forschung wandte sich Ende der 1950er und Anfang der 1960er Jahre den Einflüssen von Friedrich Nietzsche und Arthur Schopenhauer auf das Künstlerbild in der Novelle zu.[34] In den 1970er Jahren lag ein Schwerpunkt der Forschung auf der formalen Struktur der Novelle. Studien zu den literaturgeschichtlichen Kontexten setzten verstärkt in den 1990er Jahren ein. Sie arbeiteten Motive und Themen der Dekadenz sowie die Ausformung des Typus des Dilettanten im Frühwerk von Thomas Mann heraus.[35] Dem Phänomen der Intertextualität im Werk von Thomas Mann und seiner Beziehung zu Theodor Storm und Iwan Turgenjew[36] galt das Interesse seit

34 Heinz Peter Pütz, *Kunst und Künstlerexistenz bei Nietzsche und Thomas Mann*, Bonn 1963, S. 68.

35 Michael Wieler, *Dilettantismus – Wesen und Geschichte. Am Beispiel von Heinrich und Thomas Mann*, Würzburg 1996; Markus Schröder-Augustin, »Décadence und Lebenswille. Tonio Kröger im Kontext von Schopenhauer, Wagner und Nietzsche«, in: *Wirkendes Wort* 48 (1998) H. 2, S. 255–274.

36 Laage (s. Anm. 2); Heinrich Detering / Maren Ermisch /

Mitte der 1990er Jahre. Auf die Bedeutung von Storms Novelle *Immensee* und dessen Lyrik in *Tonio Kröger* und die Anspielungen auf Turgenjew wurde bereits mehrfach in diesem Lektüreschlüssel hingewiesen (z. B. im Unterkapitel »Der Held und die Literatur«, S. 51).

In den 1990er Jahren erschienen die ersten Monographien, die Adaptionen von Märchen und Märchenmotiven im Werk von Thomas Mann untersuchten, wie z. B. *Die kleine Seejungfrau* von H. C. Andersen in *Tonio Kröger*[37] und einzelne Motive daraus in dem Roman *Königliche Hoheit*.

Quellenkritische Studien, die Notizen, Briefe und Tagebücher von Thomas Mann auswerteten, und Thomas Manns Bekenntnis einer latenten Homosexualität haben dazu geführt, den Text neu zu lesen und ihn im Lichte einer Vielzahl versteckter Anspielungen auf das homoerotische Begehren des Helden zu deuten. In dieser Sicht wird der Text als eine homoerotische Erzählung verstanden. Heinrich Detering[38] stellt intertextuelle Verbindungen zu Oscar Wildes Roman *Das Bildnis des Dorian Gray* (1891) her, mit dessen Hauptfigur Tonio Kröger das erotische Außenseitertum und die Suche nach einer Lösung in der Kunst teilt.

Neue Perspektiven

Hans Wißkirchen (Hrsg.), *Verirrte Bürger: Thomas Mann und Theodor Storm. Tagung in Husum und Lübeck 2015*, Frankfurt a. M. 2016.

37 Maar (s. Anm. 21).

38 Detering (s. Anm. 18), S. 314.

Deutungsansätze

Ein wiederkehrender Deutungsansatz hebt die Polarität von Kunst und Leben, Bürger und Künstler und das Leiden der Hauptfigur, das aus ihrem Künstlertum, ihrer Einsamkeit und Lebensferne resultiert, hervor. Für die Lösung dieser Gegensätze, die in der Forschung wiederholt als zentrales Thema der Novelle und Kern des Konfliktes der Hauptfigur angesehen wird, gibt es konträre Deutungen. Während Hubert Ohl keine Lösung und Entwicklung des Helden sieht, geht Markus Schröder-Augustin davon aus, dass Tonio Kunst und Leben am Ende seiner Reise harmonisch miteinander vereint.[39] Heinz Peter Pütz und Andreas Blödorn[40] gestehen dem Helden eine innere Entwicklung und einen Erkenntnisfortschritt zu, dessen Lösung in der Anerkennung einer Daseinsform, die zwischen zwei Welten steht und weder mit der einen noch der anderen Seite identisch ist, liege.

Wirkungen/Adaptionen

Die Verfilmung von *Tonio Kröger* in der Regie von Rolf Thiele 1964 wurde von der Filmkritik reserviert aufgenommen, weil die eigentliche Künstlerproble-

39 Ohl (s. Anm. 27), S. 112; Schröder-Augustin (s. Anm. 35), S. 270.

40 Pütz (s. Anm. 34), S. 68; Andreas Blödorn, »›Diese nördliche Neigung‹ und ›meine Liebe zum Meer‹. Zur Konstruktion imaginärer und realer Topographie im Frühwerk Thomas Manns«, in: *Imagologie des Nordens. Kulturelle Konstruktionen von Nördlichkeit in interdisziplinärer Perspektive,* hrsg. von Astrid Arndt [u. a.], Frankfurt a. M. 2004, S. 187.

matik überlagert wurde von einer biographischen Lesart der Vorlage.

Mehrere Hörbücher liegen vor, von denen Thomas Mann eines selbst gesprochen hat. Des Weiteren gibt es eine Hörspielbearbeitung mit einer fiktiven Rahmenhandlung von Heinz Sommer aus dem Jahr 2017.

Im Jahr 2000 fand eine szenische Uraufführung von *Tonio Kröger* am Thalia Theater Halle in der Regie von Kay Link statt, die Elemente des Erzähltheaters aufweist, indem das Sprechen des Prosatextes über das Schauspielen und szenische Darstellen dominiert. Da der Text wenig Dialoge enthält und man die Sprache von Thomas Mann erhalten wollte, übernehmen Tonio, Hans und Inge die Erzählpartien und sprechen über sich und andere. Eingeblendet werden dann Schauspielszenen wie die Tanzstunde.

Schriftsteller

Zur Wirkungsgeschichte der Novelle gehören auch die Urteile und Reaktionen anderer Schriftsteller. Die Lektüre von *Tonio Kröger* war von großem Einfluss auf Uwe Johnsons ersten Roman *Ingrid Babendererde. Reifeprüfung* 1953 (1985), der viele intertextuelle Verweise auf die Novelle enthält, wie die blonde Ingrid, das Motiv des Tanzens im Licht und des Leidens im Dunkeln. Viele Schriftsteller haben sich positiv zu der Novelle geäußert wie Franz Kafka und Günther de Bruyn. Hanns-Josef Ortheil beschreibt in einer seiner Poetik-Vorlesungen[41], in *Tonio Kröger* ein Modell dafür gesehen zu haben, wie er selbst zum Schriftsteller

41 Hanns-Josef Ortheil, *Das Element des Elephanten: Wie mein Schreiben begann*, München 1994.

wurde. Ablehnend hat Martin Walser auf Thomas Mann reagiert, weil er die Künstlerproblematik und die thematisierten Gegensätze von Kunst und Leben für überholt hält.[42]

Aktualität

Allgemein Menschliches, zeitübergreifender Sinn

Es gibt vielfältige Gründe, warum *Tonio Kröger* zu unterschiedlichen Zeiten so erfolgreich beim Publikum war, obwohl die Thematik, die Motive und die Konfliktlage des Helden teilweise sehr zeitabhängig sind und fraglich ist, ob die hier umrissene Künstlerproblematik den gegenwärtigen Leser anspricht. Eine ferne Zeiten und ihre kulturellen und literarischen Zusammenhänge überbrückende Bedeutung erlangt ein Text, wenn ihm etwas allgemein Menschliches, ein zeitübergreifender Sinn und eine Identifikation mit Figuren abgewonnen werden kann und aufgeworfene Fragen als lebensrelevant empfunden werden. Tonio Kröger stellt in seiner Einsamkeit und Außenseiterrolle eine Identifikationsfigur für jugendliche Leser und ihre Adoleszenzprobleme dar. Die Differenz, die zwischen dem Helden und den Anderen gezogen wird, enthält ein Potenzial des Mitfühlens und des Nachempfindens, das über die historisch gebundene Künstlerproblematik um 1900 hinaus-

Tonio Kröger als Identifikationsfigur

42 Martin Walser, »Ironie als höchstes Lebensmittel oder Lebensmittel der Höchsten«, in: *Text + Kritik. Sonderband Thomas Mann*, hrsg. von Heinz-Ludwig Arnold, München 1976, S. 20.

geht. Der einsame und intellektuelle Held, der der Gesellschaft nicht angehört und sich unverstanden fühlt, bietet einen vielfachen Ansatzpunkt für ein Wiedererkennen des jugendlichen Lesers im Helden und legt eine Lektüre des Mitfühlens mit dem Helden und des Sich-Hineinversetzens nahe.

Der Leser

Es ist Teil einer Erzählstrategie, den Helden mit der Aura der Einsamkeit zu umgeben und ihn für den Leser zu einer Identifikationsfigur zu machen. Es wird damit an literarisch vorgeprägte Bilder (= Topoi) des einsamen Helden angeknüpft, die gerade für jugendliche Leser mit ihrer noch ungesicherten Identität ein Identifikationsangebot darstellen. Doch bietet der Text über typische Adoleszenzprobleme hinaus in dem Themenspektrum von Fremdheit, Ausgrenzung, Differenz zu anderen und vielschichtigen, oft brüchigen Identitätsformen (national, kulturell, geschlechtlich) einen Anknüpfungspunkt an gesellschaftlich relevante Themen: Auch im 21. Jahrhundert sind Vorurteilsbildung bzw. Toleranz gegenüber dem in kultureller, ethnischer, religiöser oder geschlechtlicher Hinsicht Anderen und die tieferliegenden Mechanismen der Aus- oder Eingrenzung von großer Bedeutung.

Autobiographische Lesart

Für viele Leser scheint der autobiographische Anteil eines berühmten Autors in der Novelle, seine Maskierung und der Effekt des Wiedererkennens der Stadt Lübeck, der Familie, der Freunde und von Motiven, die bereits in den *Buddenbrooks* vorkommen, von Interesse zu sein.

Rolle der Literatur

Auch die Rolle der Literatur in der modernen Gesellschaft und ihre Veränderung z. B. durch digitale Medien lassen sich anhand dieses Textes diskutieren und die Rolle des Künstlers innerhalb der Gesellschaft hinterfragen. Hat Literatur über die Unterhaltungsfunktion und ihren Eventcharakter im öffentlichen Raum hinaus noch eine Funktion – wie z. B. Einblick in menschliche Verhältnisse geben, zeitübergreifende Zusammenhänge in Gesellschaft und Politik sichtbar machen, Fragen nach der eigenen Identität im Spiegel anderer Lebensweisen und nach dem Sinn stellen oder auch Möglichkeiten der eigenen Existenz aufzeigen?

Gefahr der ›Vereindeutigung‹

Der Text legt es nahe, die wiederkehrenden Signale, die Figuren, Szenen und den Konflikt des Helden in immer dasselbe Schema von Gegensätzen (Kunst vs. Leben, Künstler vs. Bürger) einzuordnen und mit stereotypen Eigenschaften wie blond/blauäugig und brünett/sensibel auszustatten. Damit wird eine interpretatorische Eindeutigkeit hergestellt, die die Verständlichkeit des Textes sichert und vielen Lesern einen Zugang ermöglicht. Allerdings besteht die Gefahr, dass durch Interpretationen und didaktische Handreichungen für den Deutschunterricht die immer gleichen Stereotypen verfestigt werden und der Text in seinem Sinn fixiert wird. Die Mehrdeutigkeit dieser kleinen Novelle ginge damit verloren.

9. Wort- und Sacherläuterungen

7,4 **der engen Stadt:** gemeint ist Lübeck.

7,14 **Seehundsränzeln:** Schultaschen aus Seehundsleder, die auf der Schulter getragen werden.

7,16 **Wotanshut:** ein Schlapphut, den der nordische Gott Wotan trägt; eine Anspielung auf Richard Wagners Oper *Siegfried* (1876), in der Wotan in Gestalt eines Wanderers mit Hut auftritt.

7,16 **Jupiterbart:** Der römische Himmelsvater wird mit einem gelockten Vollbart dargestellt.

8,19 **Gurt-Paletot:** ein zweireihiger langer Herrenmantel mit einem Gürtel.

9,6 **Trottoir:** Bürgersteig.

9,14 **Mühlenwall ... Holstenwall:** ehemalige Wälle der Stadtbefestigung von Lübeck.

9,35 **gotischen Klassengewölben:** spielt auf das Lübecker Gymnasium Katharineum an, auf dem Thomas Mann zur Schule gegangen ist.

10,35 **Consuelo:** span. Vorname, bedeutet ›Trost‹.

13,7 **Don Carlos:** ein Drama von Friedrich Schiller (1787).

13,21 **wo der König geweint hat:** im 4. Akt, 23. Auftritt von *Don Carlos* weint König Philipp, der sich vom Marquis von Posa verraten fühlt.

13,22 **Marquis:** Marquis von Posa, eine Figur aus *Don Carlos*.

14,22 **Exercitium:** lat. ›schriftliche Übung‹.

16,22 **Lindenplatze:** ein Platz in Lübeck zwischen Bahnhof und Holstentor.

17,15 **das alte, untersetzte Tor**: das Holstentor von 1478.

17,31 **Gaze-Ärmel:** ein Ärmel aus einem leichten, fast durchsichtigen Stoff.

18,26 **Behufe:** Zweck.

18,29 f. **J'ai l'honneur de me vous représenter … mon nom est Knaak**: ›Ich habe, die Ehre, mich Ihnen vorzustellen. Mein Name ist Knaak.‹ Korrekt müsste es jedoch heißen: je m'appelle Knaak.

19,2 **Atlasschleifen:** Kleiderschleifen aus glattem, glänzendem Stoff (Satin).

19,25 **Talkum:** helles Mineralpulver, das auf Böden gestreut wird, um sie glatt zu machen.

19,26 **Eleven:** von frz. *élève* ›Schüler‹.

19,27 **Portièren:** von frz.: Türvorhänge.

19,29 **Lorgnetten:** von frz. *lorgner* ›hingucken‹; eine Lesehilfe ohne Bügel, die an einem Griff an die Augen gehalten wird; auch Stielbrille genannt.

19,31 **Mazurka:** ein Tanz aus Polen.

20,31 **en avant!:** frz. ›Vorwärts!‹.

20,32 **Nasal-Laut:** ein Laut, der durch die Nase gesprochen wird; steht für eine affektierte Vornehmheit.

20,33 **Quadrille:** ein Tanz, der von vier Paaren getanzt wird; jeweils zwei Paare stehen sich in einem Viereck (Carrée) gegenüber.

20,35 **Carré:** Aufstellung der Tanzpaare zu einem Quadrat.

21,14 **Storm:** der Dichter Theodor Storm aus der norddeutschen Stadt Husum.

21,18 **Tour:** eine Figur bei der Quadrille, eine kreisförmige Bewegung, Drehung.

21,18 **Compliment!:** Aufforderung zur Verbeugung.

21,18 **Moulinet des dames!:** frz. ›Mühle der Damen‹; die vier Tänzerinnen legen ihre rechte Hand aufeinander und bilden eine kreisende Figur.

21,18 **Tour de main!:** Die Tänzer machen paarweise, und sich die Hand gebend, eine Drehbewegung umeinander.

21,29 **En arrière:** frz. ›rückwärts‹.

21,29 **fi donc!:** frz. ›pfui!‹.

22,4 **Folgmädchen:** Angehörige des Hauspersonals; Dienstmädchen für feinere Arbeiten.

22,6 **Plumcake:** englischer Rosinenkuchen.

22,14 **Immensee:** eine Novelle von Theodor Storm (1850).

26,6 **das Mal an seiner Stirn:** Anspielung auf das Kainsmal (1. Mose 4,14), das umgedeutet wird zu einem Zeichen des Künstlers, der Qual und Erkenntnis.

26,33 f. **excentrischen:** außergewöhnlichen.

27,30 f. **daß man gestorben sein muß, um ganz ein Schaffender zu sein:** ein Zitat aus Henrik Ibsens Drama *Wenn wir Toten erwachen* (1899).

28,3 **Lisaweta Iwanowna:** Der Name taucht häufig in der russischen Literatur auf. In diesem Fall könnte er auf eine Figur in dem Roman *Eine alltägliche Geschichte* (1847) von Iwan Gontscharow, den Thomas Mann auf seiner Reise nach Dänemark las, anspielen, aber auch auf Jelisaweta M. Kalitina, der

Hauptfigur in Iwan Turgenjews Roman *Ein Adelsnest* (1859).

28,6 f. **ohne Ceremonien:** ohne Umstände.

28,24 **Fixativ:** farbloses Mittel für Zeichnungen, um sie zu schützen.

31,21 **Fiaskos:** von ital. ›Fehlschlag‹, ›Misserfolg‹.

32,7 **Batuschka:** russ. ›Väterchen‹.

32,31 f. **jener präparierten päpstlichen Sänger:** ein Kastratensänger im Sixtinischen Chor.

32,36 **Papyros:** russische Zigaretten.

33,32 **Attaché:** im diplomatischen Dienst die Bezeichnung für Begleiter eines Gesandten.

34,21 **süblimen:** verfeinerten, empfindsamen.

35,5 **morbides:** kränkliches, schwächliches; meint den inneren Verfall einer Person oder Gesellschaft.

35,5 **Tristan und Isolde:** ein Musikdrama von Richard Wagner (1865). Thomas Mann legt seiner Figur Tonio eine Kritik Nietzsches an Wagner in den Mund, für den Wagner ein Dilettant war, weil er seine Musik nur nach Effekten und Wirkungen auf das Publikum hin berechnet habe.

35,10 **Dilettant:** Der Dilettant ist ein von dem französischen Schriftsteller Paul Bourget Mitte des 19. Jahrhunderts entworfener Typus des Dekadenten, der seine Bindungslosigkeit und Lebensarmut durch Kunst auszugleichen versucht und äußerst empfindungsstark ist (siehe Kapitel 12 »Zentrale Begriffe und Definitionen«, S. 139 f.).

35,25 **Horatio:** der Freund von Hamlet in Shakespeares gleichnamigem Drama (entstanden 1601/1602).

Tonios Aussage »Antwort des Horatio [...] betrachten« bezieht sich auf die Kirchhofszene in *Hamlet* (V,1).

37,1 **Blasiertheit:** Dünkelhaftigkeit, Überheblichkeit.

37,29 **Charlatan:** frz. ›Scharlatan‹: Betrüger, Schwindler, Aufschneider.

37,32 **Nihilist:** jemand, der an keine Wertvorstellungen und Religionen glaubt und alles verneint.

38,16 **Cesare Borgia:** 1475–1507, Sohn von Papst Alexander VI., ein Renaissancefürst, der als besonders grausam und gewalttätig galt. Er war eine Symbolfigur um 1900.

39,3 **Podium:** Rednerpult.

39,7 **Auditorium:** Zuhörerschaft.

40,3 f. **Ehrenkleides:** Uniform.

41,13 **verirrter Bürger:** spielt auf den französischen Schriftsteller Gustave Flaubert an, der den Ausdruck bereits 1868 in einem Brief verwendet. Darin bezeichnet er Künstler als verirrte Bürger[43] und meinte damit auch sich selbst.

41,28 **bellezza:** ital. ›Schönheit‹.

42,21 **Kronborg:** Festung bei Helsingör auf der dänischen Insel Seeland. In Shakespeares *Hamlet* (I,5) erscheint dem Prinzen der Geist seines Vaters und teilt ihm mit, dass er von seinem Bruder erschlagen wurde.

43,18 **Droschken:** Mietkutschen.

43,26 **Brücke:** die Puppenbrücke in Lübeck zwischen

43 Gustave Flaubert, *Briefe*, hrsg. und übers. von Helmut Scheffel, Zürich 1977, S. 536.

Bahnhof und Holstentor, geschmückt mit Statuen aus der Mythologie.

44,23 **Bogenlampen:** Lampen mit Lichtbogen.

44,24 **Hotel:** Es handelt sich um das Hotel »Stadt Hamburg«, in dem auch Thomas Mann 1899 auf seiner Reise nach Dänemark abgestiegen ist.

44,31 **Honneurs:** frz. ›Ehrenerweisungen‹; meint hier die Begrüßung des Gastes durch den Empfangschef.

44,35 **hierarchisch:** nach einer sozialen Rangordnung gegliedert.

45,4 **Rosetten:** rosenförmige Bandschleifen.

45,6 f. **pittoresker:** von ital. ›malerischer‹.

46,11 f. **Vestibule:** frz., lat. ›Vorhalle‹.

46,13 **Wohin ging er?:** heimwärts. Eine Anspielung auf Novalis' Roman *Heinrich von Ofterdingen* (1802), in dem der Pilger fragt: »Wo gehn wir denn hin?« und als Antwort erhält: »Immer nach Hause«.

46,15 **Arkaden:** Mauerbögen auf Säulen oder Pfeilern.

47,16 **frommen Spruch:** Vermutlich meint Thomas Mann hier den Spruch, der über dem Hause seiner Großeltern in der Mengstraße 4 stand: *Dominus providebit*, lat. ›Der Herr wird vorsorgen‹.

47,21 **Kontor:** Geschäftszimmer eines Kaufmanns.

47,24 **Windfangtür:** ein Vorbau vor der Außentür eines Hauses mit einer eigenen Tür zum Schutz vor Wind und zum Wärmeerhalt.

48,14 **unziemliche:** unpassende.

52,4 **Individium:** korrekt ›Individuum‹ (Einzelwesen); hier im Sinne von ›verdächtiger Kerl‹.

Abb. 8: Der Eingangsbereich des »Buddenbrookhauses« in der Lübecker Mengstraße 4, 2009. – Wikimedia Commons / Fotograf: Kreasspahl / CC BY-SA 3.0

52,22 **legitimieren:** sich durch Papiere ausweisen.

52,33 **Porteföhch:** mundartlich für Portefeuille, frz. ›Brieftasche‹.

53,24 **Schlag:** Wagentür.

53,32 **Bugspriet:** ein Rundholz, das in Längsrichtung eines Segelschiffes über den Bug hinausragt.

54,12 f. **Eisbären und einen Königstiger:** Der Tiger taucht auch in Thomas Manns Novelle *Der Tod in Venedig auf*, in der er für eine verbotene Sexualität steht und auf den Bereich des Dionysischen bei Nietzsche verweist, der unter ›dionysisch‹ eine fast rauschhafte, unkontrollierte Lebenskraft versteht.

54,14 **Menagerie:** eine Tierhaltung, historische Vorform des zoologischen Gartens.

54,34 **Sderne:** Hamburger Aussprache von ›Sterne‹.

55,18 **Telegraphen:** Fernschreiber.

55,28 **kosmologische:** Die Kosmologie handelt von der Entstehung und Entwicklung des Weltalls.

55,34 **junger Kaufmann:** vermutlich eine Anspielung auf eine Kaufmannsfigur in Heinrich Laubes Reisenovelle *Eine Fahrt nach Pommern und der Insel Rügen* (1837).

55,36 **steamer:** engl. ›Dampfschiff‹.

56,6 **zutunlichen:** zutraulichen.

58,11 **des Königs Neumarkt:** der Kopenhagener Königsmarkt mit einem Reiterstandbild Christians V.

58,13 **Thorwaldsen:** Bertel Thorvaldsen war ein dänischer Bildhauer (1770–1844).

58,15 **Tivoli:** Vergnügungspark in Kopenhagen.

58,22 **allerwegen:** immer und überall.

58,30 **Es litt ihn nicht lange:** Er hielt es nicht lange aus.

58,36 **Helsingör:** Stadt auf der dänischen Insel Seeland, am Meer gelegen.

59,6 **Sund:** eine Meerenge, hier: der Öresund zwischen Dänemark und Südschweden.

59,22 **Schlagfluß:** Gehirnschlag.

59,27 **Aquavitflasche:** ein Branntwein mit Kümmel versetzt.

59,29 **Gouverneur:** gemeint ist hier der Erzieher.

60,7 **konversierten:** sich gepflegt unterhalten.

61,27 **Illumination:** festliche Beleuchtung.

61,34 **regnicht:** regnerisch.

62,24 **Réunion:** frz. ›Versammlung‹; hier: Gesellschaftsball.

62,25 **Subskription:** vorhergehende Anmeldung.

64,31 **Übungsläufe:** in der Musik eine schnelle Tonfolge zum Einstimmen des Instruments.

64,35 **Polonaise:** ein Reigentanz aus Polen.

65,12 **Reflektoren:** spiegelnde Schirme.

65,30 **Kapotthütchen:** ein Damenhut, der hoch auf dem Kopf der Dame sitzt und mit Bändern unter dem Kinn gebunden wird.

66,13 **Post-Adjunkt:** Postgehilfe.

66,15 f. **transpirierend:** schwitzend.

67,28 **traumblöde:** vom Traum benommen.

69,15 **Engagieren:** hier: zum Tanz auffordern.

69,24 **distinguierte:** vornehme.

70,3 f. **die neun Symphonieen, Die Welt als Wille und Vorstellung und Das Jüngste Gericht:** Ludwig van Beethovens neun »Sinfonien«; Arthur Schopenhauers philosophisches Werk *Die Welt als Wille und Vorstellung* (1819), Michelangelos Fresko das *Jüngste Gericht* in der Sixtinischen Kapelle in Rom.

70,22 **chassierend:** frz. *chasser* ›jagen‹, hier: sich im schnellen Tempo beim Tanzen seitwärts fortbewegend.

71,1 **Tak! O, mange Tak!:** dän. ›Danke! O, vielen Dank!‹.

71,32 **Exaltationen:** Überspanntheiten.

72,4 **Arkadien:** Ort auf der griechischen Halbinsel Peloponnes; Begriff wird mythisch erhöht als eine idyllische Landschaft von Kunst und Dichtung verstanden.

72,23 **Puritanismus:** eine strenge Form des angelsächsischen Protestantismus mit einem bürgerlichen Arbeitsethos.

72,30 **Bohémien:** frz. ›Zigeuner‹; meint einen unbürgerlich lebenden Künstler.

10. Prüfungsaufgaben mit Lösungshinweisen

Aufgabe 1: Charakterisierung der Hauptfigur

Arbeitsauftrag: Charakterisieren Sie die Hauptfigur in ihren wesentlichen Eigenschaften und beschreiben Sie ihren lebensbestimmenden Konflikt.

Lösungshinweise

Allgemeine Anforderungen

Für die Bearbeitung dieser Aufgabe muss die Hauptfigur in ihren äußeren und inneren Merkmalen und ihrer Herkunft beschrieben werden.

Für die Analyse des inneren Konfliktes des Helden ist die Gegensatzstruktur des Textes einzubeziehen. Tonios Gespaltenheit zwischen Kunst und Leben, künstlerischer und bürgerlicher Identität und seine geschlechtliche Ambivalenz bestimmen seinen Lebensweg. Die Erarbeitung dieser Spannungsverhältnisse, die formal und inhaltlich den Text strukturieren, ist Voraussetzung für das Verständnis des Textes und der Zentralfigur.

Inhaltliche Aspekte

- Tonio Kröger kommt aus dem gehobenen patrizischen Bürgertum einer norddeutschen Hansestadt. Seine bürgerliche Herkunft prägt sein äußeres Auftreten (Kleidung, Konventionen, Lebensstil) und seine verinnerlichten Werte. Seine bürgerliche Werteorientierung zeigt sich an der Anerkennung der Kritik seines Vaters an seinen schlechten Schulleistungen (S. 11), seinen Selbstzweifeln an seinem ausschweifenden Leben im Süden (S. 26), seiner Abgrenzung von den »Zigeuner[n]« (S. 11, 26, 52). Von seinem Äußeren her wird Tonio mit seinen brünetten Haaren, weichen Gesichtszügen und dunklen, umschatteten Augen (S. 8) als sensibler und künstlerisch veranlagter Jugendlicher beschrieben. Er liebt die Literatur, dichtet selbst und findet darin kein Verständnis in seiner Umwelt, ausgenommen bei Magdalena, die er jedoch wegen ihrer Schwäche ablehnt.

- Aufgrund seines nachdenklichen, sensiblen Wesens, seiner künstlerischen Neigungen und seines Schulversagens wird er sozial ausgegrenzt.
- Seine Isolation und unerwiderte Liebe zu Hans und Ingeborg, die in ihrer Vitalität und Lebensfreude Gegenfiguren zum Helden darstellen, führen zu einem Leidensdruck in der Jugendzeit (1. und 2. Kapitel).
- Sein weiteres Leben ist von seiner permanenten Hin- und Hergerissenheit zwischen Kunst und Leben und bürgerlicher und künstlerischer Existenz und der Suche nach seiner geschlechtlichen Identität und seinem Ort in der Gesellschaft bestimmt.
- Die geschlechtliche Ambivalenz des Helden zeigt sich im Text in der Liebe zu Hans (homoerotisch) und zu Inge (heterosexuell), in der Tanzszene, die ihn als einen femininen Helden entblößt (»Fräulein Kröger«), in der Seejungfrau von Andersen, die zum Spiegel seines

Mischwesens wird, das sich bereits in seinem Äußeren und den männlichen und weiblichen Anteilen von Vater und Mutter in ihm zeigt.

- Zu diesem Konflikt tritt als eine weitere Dimension die Intellektualität des Helden hinzu. Seine Reflexion und Erkenntnisse über das Leben und die Welt trennen ihn von dem normalen Leben und von unreflektierten, naiven Menschen (S. 33, 36) Zugleich sehnt er sich nach diesem gewöhnlichen Leben und leidet unter der Trennung von ihm.

Aufgabe 2: Analyse der Ballszene im 8. Kapitel

Arbeitsauftrag: Arbeiten Sie anhand der Ballszene im 8. Kapitel (S. 65–71) heraus, welche Leitmotive, Figuren, Szenen aus der Tanzstunde im 2. Kapitel hier wiederholt werden, wie sich diese Szene in den gesamten Text einordnet und welche Bedeutung sie für den Helden hat.

Lösungshinweise

Allgemeine Anforderungen

Im Vergleich der beiden Tanzszenen, die sich ineinander spiegeln, sollen das Erzählverfahren und Organisationsprinzip dieses Textes herausgearbeitet werden: die Wiederholung von Leitmotiven, Szenen, Figurenanordnungen und Geschehnissen. Das Erfassen der Übereinstimmungen zwischen den beiden Tanzfesten im 2. und 8. Kapitel bildet die Basis, um das innere Erleben und die Bedeutung, die diese zweite Ballszene für den Helden hat, nachzuvollziehen.

Innerhalb der Novelle handelt es sich um eine Schlüsselszene, die für den Helden eine innere Wiederbegegnung mit seiner Vergangenheit und seinen Sehnsuchtsfiguren Hans und Inge bedeutet. Sie bringt eine Selbsterkenntnis des Helden mit sich und leitet eine Wende ein, indem er sich zum Leben und zu einer lebens- und menschennahen Kunst bekennt.

Inhaltliche Aspekte

- Wiederholt werden die Figuren Hans und Inge, das Motiv des Tanzfestes mit dem Tanzlehrer/Festordner, das hinfallende Mädchen, das ihn sehnsuchtsvoll anschaut, und die räumliche Außenseiter- und Beobachterposition von Tonio. Anders als in der ersten Tanzszene jedoch fällt jetzt das dänische Mädchen und nicht Tonio. Aber er spiegelt sich in ihr.
- Auf der emotionalen Ebene spürt Tonio Kröger alte Kränkungen erneut: die unerwiderte Liebe zu Hans und Inge, die Blamage in der früheren Tanzszene, in der er verlacht wird, weil er in die Gruppe der Damen geraten ist, seine Ausgrenzung und Einsamkeit.
- Wiederholt und abgeändert wird die Verszeile aus Storms Gedicht *Hyazinthen*, die nicht nur die Sehnsucht nach der Geliebten und einer Hingabe im Schlaf

ausdrückt, sondern auch die Verpflichtung zur Kunst und den Verzicht auf die Liebe (S. 70).

- Der Auftritt des jungen, blonden, dänischen Paares ist für Tonio Kröger die Wiederkehr einer Szene, die er schon einmal erlebt hat (S. 67). Er nimmt diese Doppelgänger von Hans und Inge mit fast denselben Merkmalen wahr wie seinerzeit in seiner Jugend. – Hans: starke körperliche Statur, blond, blauäugig, vital; Ingeborg: blond, fröhlich lachend, dieselbe Geste, mit der sie an den Hinterkopf fasst, der zurückgleitende Ärmel.
- Die gleiche Figurenanordnung taucht wieder auf: den blonden/blauäugigen, tatkräftigen und lebensstarken stehen die sensiblen, lebensschwachen, dunkelhaarigen Figuren gegenüber. Sie verkörpern die Gegensätze von Bürger und Künstler, von einem naiven, intakten Leben und einem von Erkenntnis und Reflexion zerrissenen Künstlerdasein.
- Durch die Wiederbegegnung mit den Doppelgängern von Hans und Inge gewinnt der Held Gefühle von Liebe und Wärme zurück, die er inzwischen in seinem Leben vergessen hatte bzw. die durch innere Kälte überlagert worden waren (S. 71). Er erkennt, dass diese Gefühle Heimat für ihn bedeuten und dass seine Sehnsucht nach den Blonden/Blauäugigen und dem Leben ein Teil seines Wesens ist.

Aufgabe 3: Analyse der Kunstauffassung Tonio Krögers

Arbeitsauftrag: Analysieren Sie das Kunstgespräch zwischen Tonio und Lisaweta im 4. Kapitel im Hinblick auf die Kunstposition, die Tonio Kröger darin einnimmt, und die Haltungen gegenüber der Kunst und dem Leben, die ihn als einen Vertreter der literarischen Dekadenz ausweisen.

Lösungshinweise

Allgemeine Anforderungen

Die Kunstauffassung des Helden steht in einem engen Zusammenhang mit literaturgeschichtlichen, kunsttheoretischen und philosophischen Kontexten, die erschlossen werden müssen, um zu einem Verständnis des Helden, seiner inneren Gespaltenheit zwischen Bürger und Künstler und Kunst und Leben zu gelangen.

Inhaltliche Aspekte

- Emotionslosigkeit: Nach Tonio müsste der Künstler eine Distanz zum Leben und zu seinen Gefühlen haben, um Erlebnisse und Erfahrungen künstlerisch formen zu können. Unbeteiligtheit und Kälte gegenüber dem Leben sind in dieser Sicht Voraussetzungen für die künstlerische Tätigkeit (S. 32). Diese Position schließt an den Begriff der Décadence von Charles Baudelaire an, für den Kunst nicht aus der Unmittelbarkeit des Erlebens entsteht, sondern aus dem Abstand, der kühlen Analyse und dem berechnenden Einsatz sprachlicher Mittel.

- Naturferne, die sich in der Flucht vor dem Frühling spiegelt (S. 30), und Vorliebe für das Künstliche und Erlesene ordnen sich ebenfalls in den Kontext der literarischen Dekadenz ein.
- Dilettantismus: Derjenige, der sich von seinen Gefühlen überwältigen lässt und versucht, aus der Unmittelbarkeit seines Erlebens heraus zu dichten, wie der Leutnant und der Kaufmann, ist für Tonio ein Dilettant (S. 40, 55). Er macht nur schlechte Verse, weil ihm jegliche Distanz fehlt und er die Kunst der Formgestaltung nicht beherrscht. Diese Kritik am Dilettanten schließt an die Auseinandersetzung um den Dilettanten seit dem 18. Jahrhundert an und akzentuiert hier die fehlende Könnerschaft und Disziplin.
- Form vs. Inhalt: Für Tonio ist das Leben nur Material für die Kunst, das geformt werden muss. Form und Stil entscheiden über die ästhetische Qualität und stehen über den Inhalten (S. 31). Dieses Kunstverständnis steht ebenfalls in der französischen Tradition von Baudelaire, für den die poetische Sprache nicht mehr mitteilt und keine Wirklichkeit beschreibt, sondern auf sich selbst verweist und eine eigene Kunstwelt schafft, die dem banalen Leben gegenübersteht.
- Ästhetizistische Haltung: Für künstlerisch wertvoll hält Tonio nur die Gereiztheiten und kalten Ekstasen des artistischen Nervensystems (S. 31). Mit dieser Hal-

tung von Lebensferne und nervöser Reizbarkeit rückt der Held in die Nähe einer dekadenten Lebenshaltung.

Alle genannten Positionen und Haltungen – Verlust des unmittelbaren Erlebens durch Reflexion, Kunstproduktion aus der kühlen Distanz, Ferne zum Leben und zur Natur, Höherbewertung der künstlerischen Form gegenüber dem Inhalt eines Werkes und eine fast krankhafte nervöse Reizbarkeit und Überempfindlichkeit – sind typische Motive und Züge von Figuren der literarischen Dekadenz in Frankreich und im deutschen Sprachraum um 1900.

11. Literaturhinweise/Medienempfehlungen

Ausgaben

Thomas Mann: Tonio Kröger und Mario und der Zauberer. Ein tragisches Reiseerlebnis. Frankfurt a. M.: S. Fischer Verlag, [49]2016. – *Nach dieser Ausgabe wird zitiert.*

Thomas Mann: Gesammelte Werke in 12 Bänden. Hrsg. von Hans Bürgin, Ernst Bürgin und Peter de Mendelssohn. Frankfurt a. M.: S. Fischer Verlag, 1960. [Seit 1990 im Taschenbuch.]

Erläuterungen zu *Tonio Kröger*

Bellmann, Werner: Erläuterungen und Dokumente. Thomas Mann: *Tonio Kröger*. Stuttgart: Reclam, 1983. [Enthält Dokumente zur Entstehungs- und Wirkungsgeschichte, informative Wort-/Sacherklärungen und Auszüge aus Sekundärtexten.]

Kurzke, Hermann: Thomas Mann: *Tonio Kröger*. In: Interpretationen. Erzählungen des 20. Jahrhunderts. Bd. 1. Stuttgart: Reclam, 1996. S. 38–54. [Verständlich geschriebene Interpretation, akzentuiert die polare Struktur des Textes.]

Vaget, Hans Rudolf: Die Erzählungen. In: Thomas-Mann-Handbuch. Hrsg. von Helmut Koopmann. Stuttgart: Kröner, [3]2001. Zu *Tonio Kröger*: S. 564–570. [Eine knappe Interpretation mit Angaben zur Entstehung und zum biographischen und historischen Kontext.]

Biographien

Kurzke, Hermann: Thomas Mann. Ein Porträt für seine Leser. München: C. H. Beck, 2009. [Eine gute lesbare, informationsreiche Biographie zu Thomas Mann.]

Schröter, Klaus: Thomas Mann in Selbstzeugnissen und Bilddokumenten. Reinbek bei Hamburg: Rowohlt, 1964 [u. a.]. [Konzentrierte Übersicht über das Leben von Thomas Mann und die philosophischen Einflüsse auf sein Werk.]

Zum Gesamtwerk Thomas Manns

Blödorn, Andreas / Marx, Friedhelm (Hrsg.): Thomas Mann-Handbuch. Leben – Werk – Wirkung. Stuttgart: J. B. Metzler, 2015. [Gut geeignet als Nachschlagewerk für die Biographie Thomas Manns, leitende Themen, einzelne Werke und deren Wirkungen.]

Hansen, Volkmar: Thomas Mann. Stuttgart: Metzler, 1984. [Kurze, verständliche Übersicht über das Werk Thomas Manns und die Thomas Mann-Forschung.]

Kurzke, Hermann: Thomas Mann. Epoche – Werk – Wirkung. München: Beck, ^{4}2010. [Eine umfassende Darstellung des Werks von Thomas Mann mit den politischen, geistesgeschichtlichen und kunsttheoretischen Hintergründen und Informationen zu den Quellen, Einflüssen und Wirkungen einzelner Werke.]

Ridley, Hugh / Vogt, Jochen: Thomas Mann. Paderborn: Fink, 2009. [Eine knappe, anspruchsvolle und gut lesbare Einführung in Leben und Werk von Thomas Mann.]

Zur Literaturgeschichte

Kafitz, Dieter: Décadence in Deutschland. Studien zu einem versunkenen Diskurs der 90er Jahre des 19. Jahrhunderts. Heidelberg: Winter, 2004. [Fundierte Untersuchung zur Dekadenzliteratur und ihrer Begriffsgeschichte.]

Didaktische Bearbeitungen zu *Tonio Kröger*

Eisenbeis, Manfred: Thomas Mann. *Tonio Kröger. Mario und der Zauberer.* [Freising]: Stark, 2012. [Eine verständlich geschriebene Interpretationshilfe für Schüler und Schülerinnen mit Inhaltsangabe, Informationen zum Autor, zum Entstehen und zur Wirkung der Novelle und einer Analyse des Aufbaus und der Leitmotivtechnik. Sie dient der Vorbereitung auf Klausuren und das Abitur.]

Jürgens, Dirk: Thomas Mann: *Tonio Kröger / Mario und der Zauberer.* München: Oldenbourg, 2013. [Eine klar strukturierte Interpretation und Analyse für den Deutschunterricht mit deutlichem Akzent auf historischen und literaturgeschichtlichen Kontexten.]

Kaltenbach, Elisabeth: Thomas Mann: *Mario und der Zauberer / Tonio Kröger.* Stuttgart: Klett, [4]2013. [Eine gute Lektürehilfe mit Inhaltsangabe, instruktiver Interpretation, Abitur-Aufgaben und Lösungen.]

Hörbuch/Lesungen

Thomas Mann: Tonio Kröger. Gelesen von Will Quadflieg. 2 CDs. Universal Music 1994.

Thomas Mann: Tonio Kröger. Ungekürzte Lesung, gesprochen von Thomas Mann. 3 CDs, 2 Toncassetten. Der Hörverlag / VM 1997.

Hörspiel

Tonio Kröger. Bearbeitet von Heinz Sommer. Regie: Leonhard Koppelmann. Sprecher: Senta Berger, Axel Milberg [u. a.]. WDR 2017. [Integriert wurden eine Originallesung von Thomas Mann von 1955 und eine fiktive Rahmenhandlung.]

Theater

16. November 2000: Szenische Uraufführung von *Tonio Kröger* am Thalia Theater Halle. Regie: Kay Link. [Theaterfassung von Matthias Buck und Kay Link mit Elementen des Erzähltheaters.]

Verfilmung

Tonio Kröger. BRD 1964. Regie: Rolf Thiele. Drehbuch: Erika Mann / Ennio Flaiano. [Der Film wurde von der Filmkritik nicht gut aufgenommen. Ihm wurde vorgeworfen, die zentrale Thematik des Gegensatzes von Künstler – Bürger zu sehr zurückgedrängt zu haben zugunsten einer biographischen Lesart der Vorlage.]

12. Zentrale Begriffe und Definitionen

Adaption: Bearbeitung eines literarischen Stoffes in anderer medialer Form wie Hörspiel oder Drama.

➤ S. 7, 109 f.

Anthropomorphisierung: griech. *anthropos* ›Mensch‹, *morphē* ›Form/Gestalt‹; eine Stilfigur, bei der Gegenständen, Tieren oder der Natur menschliche Eigenschaften zugewiesen werden: ein Waldrücken, der flüsternde See, sprechende Tiere im Märchen.

➤ S. 69

Ästhetizismus: eine Kunstauffassung, die vor allem in der Dekadenzliteratur des ausgehenden 19. Jahrhunderts ausgeprägt ist. Zu diesem Kunstverständnis gehört die Trennung von Kunst und Leben und die Forderung, Kunst solle zweckfrei sein, unbeeinflusst von moralischen, religiösen, politischen Anschauungen. Betont wird die Autonomie (Eigengesetzlichkeit) der Kunst, die ihren eigenen Regeln folgt. Kunst zielt nicht auf eine realistische Beschreibung von Wirklichkeit, sondern bezieht sich auf sich selbst und ihre darstellerischen Mittel. Der Ästhetizist neigt dazu, zu einem bloßen Betrachter des Lebens zu werden und die Wirklichkeit zum Kunstobjekt machen. Er sucht die Sensation des Neuen, um der inneren Leere und der Gleichförmigkeit des Alltags zu entgehen.

➤ S. 80, 131

Bohème: eine antibürgerliche, großstädtische Subkultur aus Künstlern und Intellektuellen, die sich gegen Werte und Normen des Bürgertums wenden und ihrerseits überwiegend bürgerlich sozialisiert sind.

➤ S. 13, 22, 27, 29, 49

Camouflage-Verfahren: Camouflage (wörtlich: ›verstecken‹, ›tarnen‹) ist ein literarisches Verfahren, bei dem etwas verborgen wird und an der Oberfläche des Textes nicht sichtbar ist. Zu unterscheiden sind der Zweck / die Absicht und die Mittel des Verfahrens der Camouflage. Versteckt wird das homoerotische Begehren von Tonio Kröger, das im Text nicht ausdrücklich benannt wird, um die geschlechtliche Identität des Helden als zweideutig zu gestalten. Die Mittel sind intertextuelle Bezüge und Verweise auf den autobiographischen Kontext von Thomas Mann und seine Homosexualität wie das Zitat eines Liebesgedichtes von ihm.

➤ S. 66

Dekadenz: Ursprünglich handelt es sich um einen geschichtsphilosophischen Begriff, der den Verfall von Staaten, insbesondere des römischen Weltreiches beschreibt. Mitte des 19. Jahrhunderts wird der Begriff *Décadence* (franz.: ›Niedergang‹, ›Verfall‹) auf den Bereich der Literatur angewendet mit einem deutlich negativen Beiklang. Charles Baudelaire wertet den Begriff positiv auf und versteht unter *Décadence* einen Schreibstil, in der die Sprache nicht mehr mitteilen und belehren will, sondern auf sich selbst bezogen ist und eine eigene Kunstwelt schafft, die abgegrenzt ist von der Wirklichkeit. Er schätzt das Künstliche, Geheimnisvolle, Verrätselte und morbide (körperlich und moralisch brüchige) Figuren. Im deutschsprachigen Raum hat sich der Terminus »Dekadenz« in den 1880er Jahren durchgesetzt und bezeichnet eine literarische Strömung innerhalb der frühen Moderne (1880er bis 1920er Jahre). Typisch für die Literatur der Dekadenz sind

die Ablehnung bürgerlicher Alltagswelten und Konventionen, die Thematisierung von Verfallserscheinungen, eine nervöse Sensitivität, die durch die Aufnahme vieler Umwelteindrücke entsteht, Abhängigkeit des Ichs von wechselnden Empfindungen, Suche nach neuen Reizen und eine Vorliebe für künstliche Welten. Einflussreich waren die Theorien von Friedrich Nietzsche und seine Rezeption französischer Quellen. Er verstand unter Dekadenz zum einen den Verfall und die Ermüdungserscheinungen einer Kultur, zum anderen einen künstlerischen Stil. Charakteristisch für den Stil der Dekadenz war für ihn die Auflösung der Ganzheit eines Werkes in einzelne Elemente und deren Verselbständigung. Sie bilden keine Einheit mehr, in der jedes Teil eine bestimmte Funktion erfüllt. Dieser Auffassung liegt der klassische Kunstbegriff zugrunde. Heinrich und Thomas Mann ordnen sich mit ihren frühen Werken in die Dekadenzliteratur ein, wie *Die Göttinnen* (1903) von Heinrich Mann und *Der Bajazzo* (1897), *Tristan* (1903) und *Die Buddenbrooks* (1901) von Thomas Mann. Zu ihren Themen und Motiven gehören das Scheitern der Helden an der Lebenswirklichkeit, der Niedergang einer Familie, die Künstlerproblematik, die Opposition von Kunst und Leben, die überfeinerte Sensibilität und Lebensschwäche von Figuren. Für Thomas Mann hatte die Form eines Textes Vorrang vor dem Inhalt.
➤ S. 52, 54, 56, 62, 77, 80, 93 f., 100, 102, 104–108, 132, 144

Dilettant: Der Begriff hat eine lange Geschichte mit wechselnden Bedeutungen und Bewertungen, die mit dem heutigen Verständnis von ›Laie‹, ›Nichtkönner‹ und ›Anfänger‹ nichts zu tun haben. Zwei Bedeutungskomponenten tauchen seit dem 18. Jahrhundert immer wieder auf: eine spielerische, unverbindliche Einstellung und ein übersteigertes Empfindungsvermögen und die Abgrenzung vom wahren Künstler, der durch Meisterschaft, Disziplin und Arbeitsethos ausgezeichnet ist. Eine bedeutende Rolle gewinnt der Begriff im 19. Jahrhundert durch den französischen Schriftsteller und Kulturkritiker Paul Bourget und dessen Rezeption im deutschen Sprachraum. Der Dilettant ist für ihn durch eine bestimmte Lebenshaltung ausgezeichnet. Merkmale des Dilettanten sind die Lust am Spiel, Gleichgültigkeit gegenüber Gegenständen, Lebensschwäche, eine fast krankhafte Sensibilität, Reizbarkeit und Bindungslosigkeit. Friedrich Nietzsche ordnet dem Dilettanten einen oberflächlichen Umgang mit Gegenständen der Kunst und die Suche nach immer neuen Erlebnissen und einer Lebensintensität außerhalb seiner selbst zu.

➤ S. 16, 53–57, 104, 108, 118, 131

Erlebte Rede: Erzählt wird aus der Wahrnehmungsperspektive einer Figur. Verwendet werden das Personalpronomen der dritten Person Singular/Indikativ, meist im Imperfekt, und der Sprachstil der Figur z. B.: »Warum saß er nicht in seiner Stube am Fenster […]?« (S. 22).

➤ S. 35

Erzähler, auktorialer: Die Perspektive liegt bei einem Erzähler, der nicht zur Figurenwelt gehört und tendenziell über ein umfassendes Wissen über die Geschehnisse und Figuren in der erzählten Welt verfügt. Er kann die Zeit überspringen oder Geschehnisse raffend wiedergeben.

➤ S. 34

Erzählte Zeit: die Zeit, die innerhalb der erzählten Welt vergeht im Unterschied zur Erzählzeit, die den Umfang eines Textes bzw. die Zeit der Lektüre umfasst.

➤ S. 26

Figurenperspektive: Die Perspektive liegt bei einer Figur innerhalb der erzählten Welt, durch deren Augen andere Figuren und Geschehnisse wahrgenommen und reflektiert werden, erkennbar an der erlebten Rede.

➤ S. 35

Fiktion: eine erdachte, vorgestellte Welt, die nur im Medium des Erzählens in Literatur und Film existiert und nicht außerhalb.

➤ S. 42, 51, 65 f., 74, 76, 79 f.

Fiktionalisierung: Ein Vorgang, in dem die Wirklichkeit in eine Fiktion, d. h. in eine fingierte Wirklichkeit, umgewandelt wird. Die fingierte Wirklichkeit entsteht durch das Erzählen/Darstellen und existiert nicht unabhängig davon. Die Fiktion bezieht sich nicht unmittelbar auf eine außersprachliche, reale Wirklichkeit.

➤ S. 73

Geschlechterrolle: als männlich oder weiblich definierte Verhaltensmuster und Aufgaben, die Männern/Frauen innerhalb einer Gesellschaft zugewiesen werden. Geschlechterrollen können durch Sozialisation in das Handeln von Individuen übergehen, von diesen verinnerlicht und als Geschlechtsidentität ausgebildet werden. Der Einzelne kann auch zwischen gesellschaftlich etablierten Geschlechterrollen stehen wie Tonio Kröger.

➤ S. 64, 71

Geschlechtsidentität: Die Geschlechtsidentität antwortet auf die Fragen »Wer bin ich in geschlechtlicher Hinsicht?«, »Zu welchem Geschlecht gehöre ich?«. Geschlechtsidentität ist nicht naturgegeben und stabil, sondern bildet sich in Abhängigkeit von sozialen und kulturellen Faktoren (Machtverhältnisse, Heterosexualität als Norm, Vorstellungen von Weiblichkeit/Männlichkeit) heraus. Die Beziehungen zwischen sozialem Geschlecht (*gender*), biologischem Geschlecht (*sex*) und geschlechtlichem Begehren (*desire*) sind sozial erzeugt und können zu einer kohärenten (sich als eins verstehenden) oder brüchigen Geschlechtsidentität mit fließenden Ich-Grenzen führen.

➤ S. 62, 64, 66

Intertextualität: Ein literarischer Text verweist auf einen anderen Text, indem er daraus eine Textstelle zitiert oder auf eine Szene, Figur oder einen Ort in ihm anspielt.

➤ S. 9, 32 f., 73, 108 f., 111, 138

Leitmotiv: systematisch wiederholte Wörter oder Texteinheiten, Handlungen und Situationen, die im Laufe einer Geschichte mehrmals wieder aufgenommen werden. Leitmotive gliedern die Handlung, stellen innertextuelle Verknüpfungen in einer Erzählung her, charakterisieren Figuren und stehen oftmals mit der Entwicklung eines Protagonisten oder einer Protagonistin in Verbindung.

➤ S. 9, 30, 32, 36 f., 62, 70

Schlüsselroman: Er bezieht sich auf reale Personen, um Aussagen über diese zu treffen und ihre Verstrickung z. B. in den Nationalsozialismus aufzudecken, wie etwa mit der Figur des Hendrik Höfgen in Klaus Manns Roman *Mephisto* Gustav Gründgens gemeint ist.

➤ S. 90

Textexterne Signale: Verweise auf außertextuelle politische, gesellschaftliche, literaturgeschichtliche oder philosophische Kontexte.

➤ S. 64

Textinterne Signale: Verweise auf Figuren und Geschehnisse, die innerhalb eines Textes vorkommen bzw. erwähnt werden.

➤ S. 64

Topos: griech. tópos ›Ort‹; ursprünglich ein Beweismittel im Rahmen einer Argumentation. Hier in der Bedeutung von überlieferten festgefügten Ausdrucksschemata, Formen, Bildern und Metaphern (Leben als Schifffahrt, Welt als Theater).

➤ S. 61

Zeitsprung: eine Zeit, die innerhalb der erzählten Zeit übersprungen wird; die Geschehnisse dieser Zeit werden oftmals zusammengefasst wiedergegeben (Zeitraffung).

➤ S. 26